내가 가장 좋아하는 _____에게

이 책을 선물합니다.

오십, 나는 재미있게 살기로 했다

오십, 나는 재미있게 살기로 했다

이서원 지음

나무사이

차례

1장

오십이 되기 전에 알았더라면 좋았을 것들

2장

30년 동안 3만 명의 인생을 만나며 배운 것들

3장

인생의 파도를 즐기며 유쾌하게 사는 법

4장

죽을 때까지 설레고 재미있을 수 있다면

에필로그

사람의 일생은 고통과의 싸움이다. 고통이 선행되지 않는 즐거움은 진정한 즐거움이 아니었다. 이런 고통을 즐거움으로 바꾸려면 자신만의 인생 공식이 필요하다. 이서원 교수는 나의 제자이기도 하지만 나의 스승이기도 하다. 나는 이 책을 읽으면서 인상적인 구절 하나를 발견했다. 오십 전까지는 남의 얼굴로 살았다면 오십 이후부터는 나의 얼굴로 살아야 한다는 구절이다. 여기서 나의 얼굴은 주체성을 의미한다. 주체성을 가지고 이타적인 삶을 사는 것과 주체성이 없이 이타적으로 사는 것은 모양은 비슷하지만 근본적으로 다르다.

자기 자신의 얼굴로 살 수만 있다면 즐거운 삶이다. 자신이 삶의 주인공이 되어야 한다는 이 책의 이야기는 고통을 즐거움으로 바꾸는 저자의 인생 공식이다.

고통을 당할 때 사람들의 반응은 크게 두 가지다. 지푸라기라도 잡고 극복하려는 사람과 아예 고통에 짓눌려 포기하는 사람이다. 바라건대 많은 독자가 이 책과 인연을 맺어 고통을 즐거움으로 바꾸는 자신만의 재주를 통찰했으면 한다.

— 이근후(정신분석 전문의, 교수)

단 한 번밖에 없는 삶이라는 여정을 재미있게 살 수 있는 방법을 저자의 풍부한 경험과 지혜로 알려준다. 재미있게 사는 게 얼마나 의미 있는 일인지, 매우 쉬운 언어로 단순하고 유쾌하게 설명해 독자를 웃게 해줄 뿐 아니라 다시 살아갈 힘과 용기를 갖게 해주는 고마운 책이다.

저자가 찾아낸 평범함 속에 숨어 있는 비범함의 발견은 인생의 어려움을 극복해 매 순간을 소중히 살고 싶은 사람들에게 마음의 눈이 밝게 뜨이고 세상을 보는 관점을 달라지게 하는 기쁨을 맛보게 할 것이다.

— 이해인(수녀, 시인)

백 살까지 유쾌하게
나이 들고 싶다면

인생을 100미터 달리기로 생각할 때가 있다. 오십은 절반에 해당하는 터닝 포인트다. 절반을 돌아 남은 절반을 즐겁게 달리고 싶지만 떨어지는 체력과 침침해지는 눈이 발목을 잡는다. 그럼에도 이전 50년보다 더 즐겁게 남은 50년을 걸어가는 사람들이 있다. 오십 이전의 삶을 몸으로 살아왔다면 오십 이후의 삶은 마음으로 살아가는 시기라 믿는 이들이다. 나도 그런 사람 가운데 한 사람이고 싶은 소망을 품으며 오십을 넘어왔다.

오십 이전이 남의 이유로 남의 삶을 사는 시간이라면 오십부터는 나의 이유로 나의 삶을 사는 시간이다. 20대에 남들이 감탄하는 가장 예쁜 옷을 입었다면, 30대는 남들과 다른 개성 있는 옷을 입었고, 40대는 나에게 가장 어울리는 옷을 입었다. 비로소 오십이 되자 남의 시선에서 자유로워져 내가 가장 좋아하고 나에게 가장 편안한 옷을 입게 되었다. 오십은 남이 아닌 나로 나에게 다가서는 때다. 남의 삶을 숙제하듯 살던 일상에서 나의 삶을 축제하듯 사는 황금기다.

언제로 다시 돌아가고 싶냐는 질문을 받을 때면 생각한다. 나는 돌아가고 싶은 게 아니라 나아가고 싶다. 나에게 오십은 인생이 선물하는 두 번째 봄이기 때문이다. 나만의 두 번째 맞이하는 봄 이야기를 나누고 싶다. 두 번째 봄은 남들의 시선에서 나의 시선으로 나와 사람과 세상을 스케치하는 것으로 시작해 나만의 색으로 내 일상을 채색하는 것으로 물들어 간다. 내가 나로 물들어 갈 때 곁의 사람도 물들어 가는 것을 본다. 모든 잎들이 꽃이 되는 계절인 가을은 두 번째 맞이하는 봄이라고 노래한 건 알베르 카뮈였다. 일상이 모두 꽃이 되는 이유는 일상에 나만의 채색을 할 수 있기 때문이다.

표지의 장 자크 상페처럼 나도 나만의 그림을 그리며 훌륭한 어른보다 따뜻하고 유쾌하게 나이 들어가려고 노력한다. 그리고 나의 살아가는 이야기와 매일 상담실에서 만나는 인생의 스승들을 통해 배운 지혜를 독자들에게 전하고 싶다. 내가 가장 좋아하는 내 모습을 찾게 하는 질문들을 각 장마다 소개하고 써보기를 권한 것은 이 책을 읽는 여러분도 자신만의 이야기를 통해 재미있는 삶을 찾기를 바라는 마음에서다. 나만의 이야기로 나만의 삶을 재미있게 사는 우리가 되면 좋겠다.

1장

/

오십이 되기 전에
알았더라면
좋았을 것들

남의 얼굴을 벗고
나의 얼굴을 찾아야 한다

"코를 높여도 될까요?"

내가 진행하고 있는 라디오프로그램에는 크고 작은 일로 고민하는 청취자의 사연이 들어온다. 어느 날 코를 높여도 되겠느냐는 제목의 사연이 왔다. 나는 마음껏 높이라고 했다. 코를 높이고 내리고는 자기 마음이고 선택이기 때문이다. 그러면서 사연을 보낸 청취자에게 질문을 던졌다.

"세상에 있는 동식물 가운데 자기 모습을 바꾸려는 것들이 있을까요?"

민들레는 들국화가 되려 하지 않고 고양이는 개가 되려 하지 않는다. 모든 생명체는 하늘에서 받은 작품이다. 그것을 세상의 기준에 따라 바꾸는 순간 제품이 되고 만다. 내 얼굴을 가꾸면 작품이 되지만 바꾸면 제품이 된다.

얼굴만 성형하는 것이 아니다. 살아가는 방식도 마찬가지다. 세상이 아름답다고 말하는 기준에 맞춰 사는 것이 성형수술이라면 세상이 가치 있다고 말하는 기준에 맞춰 사는 것이 삶의 성형이다. 성형수술이 세상이 아름답다고 말하는 기준에 맞춰 신체 부위를 고치는 것이라면 삶을 성형하는 것은 세상이 가치 있다고 말하는 기준에 맞춰 사는 것이다.

몇 해 전 일흔의 노신사가 불면증을 호소하며 상담실을 찾아왔다.

"어린 시절부터 저는 부모님 말씀을 잘 들었습니다. 학생 때는 공부를 열심히 해야 한다고 해서 노력했고 이름난 대학에 들어갔지요. 그러고 나니 결혼하라 해서 선을 봐서 결혼했고 결혼하면 아이가 있어야 한다고 해서 자식들을 낳았습니다. 또 안정된 직장에서 돈을 벌어야 한다기에 최고 자리에 오를 때까지 일해서 돈을 벌 만큼 벌었습니다."

"그러시군요. 남들 입장에선 충분히 잠이 잘 올 것 같은 부러운 삶을 사셨는데 선생님은 잠을 못 이루시네요. 그렇게 잠이 안 올 때는 어떤 마음이 드십니까?"

"니에겐 왜 평생 실레는 일이 없었는지를 되묻고 있습니다. 20대부터 50년 동안 스스로 이렇게 계속 질문하고 있어요. '지금 내가 뭘 하고 있지?'라고요."

세상이 부러워하는 모든 걸 가지고 있는 노신사가 우울해하고 있었다. 나는 한눈에 이분이 남의 얼굴로 평생을 살아왔다는 것을 알 수 있었다. 자기 얼굴로 산 적이 없기에 늘 '나는 지금 무얼 하고 있나?' 자문하고 살았으며 설레지도 않는 공허감과 우울에 잠을 이루지 못하고 있는 것이다.

"선생님께 한 가지 숙제를 드리겠습니다. 이곳 서울에서 땅끝 마을 해남까지 시내버스만 이용해서 다녀오시면 어떻겠습니까."

노신사의 눈이 반짝였다.

"시내버스로만 그 먼 곳까지 가는 게 가능합니까?"

"가능하지요. 한 번에 쭉 가지 않으니 여러 버스를 타셔야 할 겁니다. 가다가 배고프면 아무 데나 들어가 밥을 드시고 졸리면 아무 데나 내려 근처 숙소에서 주무시면서 다녀오십시오."

보름 뒤 노신사가 상기된 표정으로 상담실에 들어오더니

내 손을 덥석 잡으며 눈시울을 붉혔다.

"내 생애 처음으로 설레는 여행을 했습니다. 남에게서 찾은 이유가 아니고 나만의 이유로 자유롭게 여행을 한 건 처음입니다."

그는 시내버스 여행에서 겪은 에피소드를 시간 가는 줄 모르고 털어놓았다. 한 달 뒤에 다시 상담실을 찾은 그는 더 놀라운 이야기를 들려줬다.

"이번에는 부산까지 시내버스 여행을 다녀왔습니다. 자전거도 샀어요. 이제야 설레고 사는 맛이 납니다."

검게 그을린 얼굴에 환한 햇살이 가득했다.

> 들의 꽃이 산의 나무가 가르쳐 줬어요.
> 그 흔한 꽃과 나무가 가르쳐 줬어요.
> 나처럼 사는 건 나밖에 없다고.
>
> ─홍순관, 「나처럼 사는 건」

나이 오십에 접어들면서 이 가사를 삶의 나침반으로 삼고 있다. 남의 이유로 살면 그건 내 삶이 아니라 남의 삶을 사는 것이다. 남의 삶을 살면 세상의 기준으로는 잘 사는 것처럼 보여도 끝내 공허함과 울적함이 찾아온다. 나의 삶은 세상의 기준으로는 못 사는 것처럼 보여도 나답게 살아왔기에 후회가 없고 충만하다.

대학에서 학생들을 가르칠 때도 나만의 방식으로 하려고 했다. 우선 교재부터 없앴다. 기존의 다른 수업들처럼 남이 쓴 교재를 암기해 학생들에게 전달하는 수업을 하고 싶지 않았다. 가족복지론 수업 첫날 학생들에게 이렇게 수업을 안내했다.

"이번 학기는 다른 사람 가족 이야기 말고 우리 집 가족 이야기를 해봅시다. 어떻게 더 편한 가족이 될 수 있을지 깨닫는 것이 이번 학기의 목표입니다. 시험은 없지만 매주 하나의 주제에 대한 생각을 적어 와야 합니다. 첫 주제는 부모님이 바라는 나의 배우자 조건입니다."

다음 수업 시간에 엄마와 인터뷰하면서 울고불고 난리가 난 사연들이 등장했다. 사람만 좋으면 된다던 엄마는 키는 얼마 이상, 집안은 최소 어느 정도 등 조건을 주르르 읊었단다. 딸은 반발했고 엄마랑 한바탕했다는 내용이 보고서에 빼곡했다. 이후로도 결혼 비용 조사를 비롯해 출산 후 산후조리 계획, 남편이 바람을 피울 때 대처 방안, 가정폭력 발생 시 대응법 등 현실적인 과제를 냈다. 학기가 절반 정도 지나자 학생들은 지금 아버지와 어머니가 얼마나 고생하며 사는지 조금은 이해하게 됐다고 했다.

그리고 지금까지도 내게 가족복지 수업이 가장 즐거웠으며 새롭게 삶을 살게 하는 계기였다고 말한다. 한 번도 들어보지 못한 내용과 경험하지 못한 방식으로 수업을 하다 보니 내가 얻은 별명은 '괴짜 교수'였다. 그런데 학생들은 늘 만원이었고 수업 중에 조는 학생도 없었다. 그때 나는 우리 사회의 학생들이 얼마나 남의 공부를 하느라 지치고 지루한 삶을 살고 있는지 확인할 수 있었다.

지금도 나는 나만의 수업을 한다. 그래서 늘 수업이 설레고 기다려진다. 내가 남의 얼굴이 아닌 나의 얼굴이 되어 사는 삶은 설렘과 두근거림의 연속이다. 남의 얼굴은 재미없다. 이 세상에서 재미있는 건 내 얼굴뿐이다.

인생을 숙제처럼
살고 있는 사람들에게

　언제부터인가 나이를 의식하지 않고 살기로 했다. 다른 사람에게 내 나이를 이야기하면 "벌써 그렇게나 되셨어요?"라고 반문하는 경우가 많아졌기 때문이다. 오십이라는 숫자를 넘긴 후에 부쩍 이런 말을 많이 듣는다. 상대방은 나에게 그 나이로 보이지 않는다는 칭찬으로 하는 말일 텐데 정작 나는 이 말에 별 감흥이 없다. 그러다 보니 몸이 약해지면 되레 반가운 마음이 든다. 점점 나이는 들어가는데 몸은 10대 청년 같다면 오히려 슬펐을 것이다. 이 세상에 태어난 모든 생명체가 어김없이 겪는 노화의 과정을 나도 겪는다는 생각은 잔잔

한 슬픔과 함께 담담한 기쁨을 가져다준다.

　백 세 시대가 된 지 오래다. 백 살까지 산다는 소리가 놀랍지 않다 보니 오래 사는 것보다 어떻게 사느냐가 중요해졌다. 오십은 백을 기준으로 하면 절반인 터닝 포인트에 해당한다. 나이 오십을 어떻게 해석하느냐에 따라 오십 이전의 삶과 이후의 삶에 대한 의미가 달라진다. 사람은 복잡한 존재이지만 크게 나누면 몸과 마음 두 가지로 이루어져 있다. 오십을 기준으로 몸과 마음을 생각해 볼 수 있다.

　먼저 몸을 생각하면 건강이 꺾이는 시기다. 오십 이전까지는 몸으로 산다. 특히 10대와 20대의 몸은 펄펄 난다. 며칠 밤을 새워도 끄떡없고 어디 뼈가 부러져도 금방 아문다. 쉽게 지치지 않아 하나를 마치면 다른 일로 달려간다. 그러다 오십이 되면 확연히 달라진다. 감각이 먼저 고장 난다. 노안이 오고 입맛은 둔해지며 귀에서 쇳소리도 가끔 들린다. 움직임이 느려지고 밤을 새우면 회복하는 데 며칠이 걸린다.

　인생은 몸과 마음이 이어달리기를 한다고 생각한다. 오십이 되면 여태껏 열심히 달린 몸이 다음 주자인 마음에게 바통을 넘겨준다. 이제는 마음이 달릴 차례다. 이전에는 몸의 건강으로 생명을 유지했다면 지금부터는 마음의 건강으로 살아야한다. 마음의 건강을 두 글자로 줄이면 지혜다. 지혜란 어려운일이 생길 때 가장 직절한 방법을 생각해 내는 능력이다. 지혜가 생기면 어떤 일이 일어나도 크게 놀라지 않는다. 좋은 일에도 과하게 기뻐하지 않는다. 좋은 일이 잠시 머물다 떠날 것임을 알고 이후에 힘든 일이 올 수도 있음을 알아서다. 그래서나쁜 일에도 지나치게 낙담하지 않는다. 시간이 지나면 어쨌든 해결될 것이고 삶에 필요한 배움 하나를 건질 것이기 때문이다.

지난 세월 몸이 주인이고 마음이 시중을 드는 시간이었다면 이제는 마음이 주인이고 몸이 시중을 드는 시간이다. 몸이주인이 되는 시기의 중요한 감정은 즐거움이다. 맛있는 걸 먹고 멋진 곳을 보고 짜릿한 연애를 하고 익스트림 스포츠에도도전하면서 몸의 감각으로 느낄 수 있는 즐거움을 만끽하는시기다. 마음이 주인이 되는 시기의 감정은 잔잔함이다. 특별히 즐거운 것도 괴로운 것도 없이 담담해진다. 오십 이전에는무슨 일이 생겨야 즐겁지만 오십 이후에는 무슨 일이 생기지않아야 편안하다. 행복의 조건이 정반대가 된다.

연극에서 1막도 재미있지만 훌륭한 연극은 2막이 더 재미

있다. 연극 1막에서는 내가 세상을 바꾸려고 노력하지만 호락호락하지 않은 세상의 벽에 부딪쳐 절망한다. 그러다 2막에서는 세상이 아니라 나를 바꾸려 노력한다. 욕심을 내려놓으려하고 세상을 향한 적의의 시선을 따스한 포용의 시선으로 바꾸려 한다. 빨리 가던 걸음을 천천히 간다. 삶이 온전해지려면 오십 이전에는 즐거워야 하고 이후에는 화평해야 한다. 그러니 오십이 되니 몸이 무너진다고 슬퍼할 것이 아니라 마음이 꽃피는 것을 기뻐해야 한다. 바통을 건네주고 받는 데 성공했다고 축배를 들어야 한다. 몸의 시대는 가고 마음의 시대가 활짝 열린다고 생각하면 또 다른 삶의 무대가 아름답게 펼쳐지기 시작한다.

내가 30년간 스승으로 모시는 이근후 선생님은 노인은 잘못된 말이라고 했다.

"엄마 배에서 나온 순간부터 우리는 노인이거든. 배 속 시절보다는 더 나이가 든 셈이지. 이 세상에 늙은 사람이 아닌 사람은 없어. 모든 삶의 순간은 나이가 들어가는, 에이징(the Aging)이야. 청년, 중년, 노년은 세상이 구분해서 편의상 붙인 이름일 뿐 본질적으로 스무 살도 에이징, 육십 살도 에이징이야. 우리는 날마다 몸은 조금씩 약해지고 그만큼 마음은 성숙해져 가는 존재야."

오십 이후에 생긴 좋은 습관 중 하나는 한 번씩 멈춰 서서 생각하는 빈도가 늘어난 것이다. 여러 해 전 교수 생활을 하다가 50대 후반에 몸이 불편해진 어른을 제자로 만났다. 그는 대기업 부사장까지 하던 어느 날 뇌경색으로 쓰러졌다. 겨우 의식은 찾았으나 몸을 마음대로 움직이지 못하는 상태가 되고 말았다. 그는 좌절했고 자살까지 생각했다. 그러나 가족을 생각하면 죽을 수 없었다. 어떻게든 살아야 했다.

회사를 그만두고 재활을 시작했다. 반신마비에서 지팡이에 의지해 천천히 걸을 수 있게 되는 과정에서 전에는 없었던 시간이 생겼다. 한 번씩 멈춰 서서 주변을 바라보고 생각했다. 길가에 핀 들꽃이 얼마나 아름다운지, 비 온 후 땅 위로 나온 지렁이가 살기 위해 얼마나 최선을 다해 기어가는지 눈에 들어왔다. 나만 생각하고 살았던 삶에서 다른 생명과 다른 사람을 생각하는 삶으로 바뀐 것이 기적이었다. 그는 자신과 같은 환자에게 위로와 친절을 베푸는 자원봉사를 시작했다. 좀 더 사람들을 잘 돕고 싶다는 마음에 내가 있던 사이버대학교 사회복지학과 학생으로 지원하여 공부했다. 그 제자를 보면서 깨달은 건 몸이 무너져도 마음이 살아나면 훨씬 더 풍요로운 세상을 살 수 있다는 사실이었다.

오십은 숫자에 불과하지만 바통 이어받기에서 중요한 숫자이기도 하다. 몸의 기능이 떨어지지만 마음은 성숙해지고 깊어진다. 몸의 시대가 저물고 마음의 시대가 열린다고 오십을 해석하면 오십은 눈부시게 아름다운 숫자다. 인생 2막에서 가슴 설레는 삶을 살 것인가, 약해지는 몸을 한탄하며 살 것인가는 각자의 선택에 달려 있다. 나는 기왕이면 설레는 삶을 살고 싶다. 인생 절반도 아름다웠고, 나머지 절반은 더 아름다웠다고 말하며 세상을 떠나고 싶다.

'무엇'보다
'어떤'이 중요하다

초등학생 시절 담임선생님이 나에게 장래 희망을 물었다.

"저는 선생님이 되고 싶어요."

"그렇구나, 그런데 어떤 선생님이 되고 싶어?"

"음, 좋은 선생님이요."

"어떤 선생님이 좋은 선생님일까?"

나는 더 이상 대답하지 못했다. 그땐 '어떤'이 지닌 깊은 의미를 알지 못했다. 세월이 지날수록 '어떤'이 지닌 의미가 무겁게 느껴진다.

무엇보다 중요한 건 '어떤'이다. 오래 사는 것보다 중요한 것은 어떻게 사느냐다. '어떤'에 대한 생각을 제대로 하게 된 것은 나이 서른이 넘어서였다. 서른부터 상담 일과 강의를 시작하면서 문득 초등학교 때 담임선생님 이야기가 머릿속에 소환되었다. '어떤 강사가 되어야 할까?', '어떤 상담자가 되어야 할까?'가 화두였다.

당시 내 대답은 '나에게 부끄럽지 않은 강사이자 상담자가 되어야 한다.'였다. 그러려면 척하지 않아야 했다. 모르는데 아는 척하지 않고 남의 이야기인데 내 이야기인 척하지 않아야 한다. 모르면 모른다고, 내 생각이 아니면 아니라고 해야 한다. 그런데 모르는 것도 부끄럽고 내 생각이 없는 것도 부끄럽다. 그래서 열심히 공부해서 알아야 했고 지식을 내 것으로 소화해서 나만의 생각을 말해야 했다. 그때 그렇게 정리한 생각이 지금까지 30년간 이어지고 있다.

강사로서 삶의 철학은 하나였다. 내가 경험하고 깨달은 것만으로 강의한다. 아는 척하지 않을 수 있는 유일한 방법이었다. 학생들에게도 어디서 읽고 외운 것을 발표하거나 말하는 대신 자기가 경험하고 깨달은 것만 대답하게 했다. 남 이야기를 하지 말고 내 이야기를 하자는 것이 수업의 핵심이었다. 사회복지학 교과목 가운데 지역사회 복지론이란 과목이 있다. 대개 정해진 전문 교재가 있고 그 교재의 진도를 나간다. 그런데 나는 그렇게 하고 싶지 않았다. 학생들과 함께 가상의 지역사회 복지관을 만들고 조별로 복지관의 부서를 만들었다. 이후 매주 부서별로 발표를 진행했다. 발표하기 위해 학생들은 직접 복지관을 방문해 그 부서에서 무엇을 하는지 알아내야 했고 이를 위해 무엇을 준비해야 하는지도 이해해야 했다. 그 결과 시간이 지날수록 가상의 복지관이 실제 눈에 보이는 복지관이 되는 것 같은 착각이 들었다. 가상의 복지관이 안정화되고 본격적인 업무가 시작될 무렵 한 학기가 끝났다. 나와 학생들은 책으로 암기하는 지역사회 복지론이 아니라 직접 발로 뛰고 눈으로 익힌 살아 있는 지역사회 복지를 실감하고 이해할 수 있었다.

돌아보면 나는 모든 과목 수업을 이렇게 했다. 시중에 파는 교재를 거의 쓰지 않았다. 장애인 복지론을 강의할 때는 특강 강사로 실제 장애인 학생들과 학부모들을 세웠다. 특강 시간에는 열띤 토론이 벌어졌다. 중간고사는 장애 체험 보고서를 제출하게 했고 기말고사는 장애인들이 거주하는 그룹홈을 방문해 조별로 준비한 공연을 하는 것으로 대신했다. 생생한 현실감을 경험하고 그 현실에서 문제의식을 발견하는 것이 대학 교육이라고 생각했고 그것을 현실에 적용했다.

이렇게 강의를 만들고 진행하다 보니 강사인 나부터 수업이 기다려졌다. 모든 수업의 교재가 내가 발을 딛고 있는 현실이라 지루할 틈이 없었다. 그러다 어느 대학원 수업에서 태클이 걸렸다. 이런 수업 방식에 불만을 가진 학생이 학교에 이의를 제기한 것이다. 학과장은 전공수업을 그렇게 가르치면 안 된다며 교재 사용을 요구했다. 그 말을 따랐으나 그 수업만큼 재미가 없었던 적이 없다. 이전 수업들은 힘들어도 재미가 있었지만 그 수업은 재미가 없어서 힘들었다. 그 강의를 끝으로 나는 그 대학의 강의를 그만두었다.

상담 역시 마찬가지였다. 어느 학파의 어떤 모델을 따라 상담하고 싶지 않았다. 그건 잘해야 2등이다. 경험과 깨달음으로 하는 나만의 상담을 하고 싶었다. 남과 비교하지 않으니 그런 상담이 나에게 1등인 상담이다. 상담을 제대로 하기 위해 상담하는 방법과 관련된 책을 보지 않았다. 대신 사람과 인생에 대한 책을 보았다. 내가 이만큼 살아보니 사람이 이렇고 삶이 이렇더라는 책들을 찾아보았다. 수필이 그런 내용을 가장 많이 담고 있었다. 나의 상담 교재는 『상담학 개론』 같은 딱딱한 책이 아니라 수많은 수필집들이었다. 수필집을 보며 깊이에 목이 말라 보게 된 것이 철학서와 사상서였다.

그리고 고전과 속담이었다. 전 세계 속담집은 지혜의 보고였다. 사람에 대한 깊은 이해와 이치를 가장 쉬운 말로 표현한 것이 속담이라는 것을 깨달았다. 책을 읽으면서 책에 종속되는 하인이 되지 않으려고 했다. 책을 다 읽으면 가만히 가슴에 안고 스스로 물었다. '이 책을 한 줄로 이야기해 볼래?' 그런 연습이 쌓이자 수동적으로 책에 읽히는 것이 아니라 능동적으로 책을 읽을 수 있었다. 상담할 때 이런 공부는 큰 도움이 되었다. 나도 모르게 내담자의 이야기가 어디선가 들어본 이야기였고 어느 철학자가 대답한 내용이었다. 하늘 아래 새로운 인간의 문제는 없다는 생각이 들었다.

강의와 마찬가지로 나는 매번 상담이 설레고 기다려진다. 상담을 앞두고는 내가 마치 학생들의 퀴즈 경연 TV 프로그램 「도전! 골든벨」 속 학생과 같다는 생각이 든다. 이번에는 어떤 인생 문제가 기다리고 있을지 두근거린다. 책을 읽는 세월이 쌓여가다가 어느 순간 책은 현실의 이야기와 어우러지며 나만의 삶에 대한 원리로 변환되었다. 그것들은 지금도 내 상담을 나답게 만들어 주는 색깔이 된다.

강사와 상담자가 내 직업이다. 이 업으로 살면서 늘 '어떤 강사, 어떤 상담사'가 되고 싶은지 스스로 묻고 있고 처음 내놓은 답처럼 나에게 부끄럽지 않은 사람, 척하지 않는 사람으로 살고자 노력 중이다. 이 과정에서 스며 나오는 것이 '재미'다. 나는 지금도 강의할 때마다 상담할 때마다 재미있다.

은퇴한다는 생각에서
은퇴할 수 있는가

사람은 할 일이 없어서 늙는 것이 아니라, 일하지 않아 늙는다. 시야를 넓히면 죽을 때까지 할 수 있는 일은 무궁무진하다.

어느 은행 지점장이 퇴직한 지 얼마 되지 않아 '이제 내가 할 수 있는 일이 무엇일까?' 고민에 빠졌다. 지점장으로 있을 때는 내가 세상에서 제일 똑똑하고 잘난 줄 알았는데, 막상 은행 일을 그만두니 할 수 있는 게 아무것도 없었다. 고민 끝에 발견한 일은 운전이었다. 그렇게 해서 회사 택시를 거쳐 개인택시로 운전을 시작한 지 10년이 흘렀다. 운전하면서 비로소 은행 안에서만 보던 세상과는 다른 세상이 보이기 시작했다.

지점장으로 있을 때보다 운전사로 일할 때 훨씬 즐겁고 재미있었다. 연금이 있어 노후 자금을 크게 걱정하지 않아도 되었기에 아내와 개인택시로 여행도 다녔다. 최고의 손님은 아내였다. 아내와 금슬도 좋아지고 여기저기 아프던 몸도 더 건강해졌다. 퇴직 후 우울하던 마음도 씻은 듯이 나았다.

퇴직한 친구들과 가끔 술자리를 가지면, 은행장이나 하던 사람이 운전이 뭐냐며 핀잔을 주는 경우도 있었다. 그러나 세상일에 귀하고 천한 것이 어디 있단 말인가. 대개 그렇게 말하는 사람에게는 퇴직이 곧 은퇴이며 그들은 자기 분야를 벗어나면 무료함과 권태, 우울을 겪는 경우가 많았다. 이렇게 생각하자 친구가 안됐다는 생각이 들기도 했다.

그가 제일 좋아하는 친구는 중학교 교장을 정년 퇴임하고 색소폰 연주자가 된 친구였다. 그 친구는 교사 시절에 꼭 한번 배워보고 싶었던 색소폰을 퇴직 후 본격적으로 불기 시작했다. 하루 네 시간씩 5년 동안 연습을 지속했더니, 자신도 모르게 사람들 앞에서 연주하고 싶은 마음이 들었다. 인터넷을 통해 색소폰 동호회를 찾아갔다. 그곳엔 자신과 비슷한 사람들이 대부분이었다. 길거리 버스킹과 구청에서 하는 크고 작은 행사에 무료로 재능 기부를 하기 시작했다. 사람들의 박수와

'앵콜' 하는 소리에 어깨춤이 절로 났다. 교장으로 근무할 때 느끼지 못한 자유로움과 흥겨움 그리고 보람이 삶의 중심이 되었다. 색소폰을 연주할 때는 여기가 어딘지 지금이 어느 때 인지도 까맣게 잊어버리고 내가 색소폰이고, 색소폰이 나인 생각이 들었다. SNS로 소식을 알리며 고정 팬들도 적잖이 생겼다. 최근에는 트럼펫도 배우기 시작했다. 내친김에 악기를 하나 더 연주하고 싶은 욕심이 생겼기 때문이다. 아내와 클래식 연주회도 다니기 시작했다. 더 좋은 연주를 하기 위해서는 전문 연주자의 음악을 듣는 것이 필수라는 생각이 들었기 때문이다.

택시 운전을 시작한 동창과 부부 동반으로 강원도 고성 바닷가에 가 색소폰을 연주하고 박수를 받기도 했다. 그때 이게 사는 맛이구나 기쁨을 만끽했다. 이후 두 부부는 가끔 연주 여행을 떠났다. 택시에 딱 맞는 네 명이라 어딜 가도 쾌적했다. 맛있는 회도 먹고, 술도 한 잔 기울이고, 석양이 지는 노을에서 멋지게 색소폰도 연주하고, '살면서 이런 날도 오는구나!' 하며 행복한 날들을 보내고 있다.

두 부부에게 퇴직은 있어도 은퇴는 없었다. 은퇴한다는 생각에서 은퇴하였기에 이전의 삶과 또 다른 멋진 삶을 살 수 있었다. 많은 사람이 두 사람 같은 삶을 살지 못하는 이유는 퇴직을 은퇴라 생각하고 그만 스스로 의욕과 마음을 내려놓기 때문이다. 돈이 되지 않는 일도 엄연히 일이며 내가 잘하지 못하는 일도 일이다.

우리 인생에서 가장 좋은 때는 해야만 하는 일에서 퇴직한 후 하고 싶은 일을 시간 가는 줄 모르고 할 때다. 이제는 더 이상 남의 일을 하지 않고, 남의 말을 듣지 않아도 되는 황금기에 당도한 것이다. 그것을 누리느냐 누리지 못하느냐는 얼마나 일에 대해 열린 시선을 가지고 있느냐의 여부로 정해진다. 일에 대해 닫힌 시선은 자신이 해온 일만 일이라고 생각하는 것, 자신이 못하는 것은 시작할 엄두도 내지 않는 것, 일에는 귀천이 있다고 여기는 것이다. 이와 반대로 해보지 않은 일, 하고 싶은 일, 서툰 일에 흥미를 가지고 도전하는 것은 일에 대해 열린 시선이다. 세상은 넓고 할 일은 많다. 스스로 할 일이 없다고 여길 뿐이다.

나 또한 한 번도 은퇴를 생각한 적이 없다. 일의 종류만 바뀔 뿐이라고 생각한다. 교수에서 시간강사로, 작가로, 방송인으로, 프로그램 기획자로 바뀌었다. 그 가운데 돈이 되어 수입이 들어오는 일은 별로 없다. 그래서 부담이 없이 일을 시작하고 언제든 접을 수 있다. 이런저런 일들에서 소소하게 들어오는 돈을 합하면 먹고살 만한 돈이 되니 신기하다.

안타깝게도 우리는 돈과 명예를 얻을 수 없는 일을 쓸데없는 짓이라고 폄하하는 사회에서 자랐다. 그러다 보니 자꾸 그런 자리가 없나 기웃거리게 된다. 그런 자리는 잘 없을 뿐만 아니라 있다 해도 경쟁자가 무척 많아서 선택받기도 어렵다. 하지만 세상이 가치를 부여하는 쓸데 있는 일만 일이라고 생각하는 마음에서 벗어날 수 있다면 내가 할 수 있는 일이 우박 쏟아지듯 후두둑 쏟아지기 시작한다. 무엇이든 할 수 있기 때문이다.

마음 하나 잘 쓰면 평생 청년으로 가슴 설레며 살 수 있지만 마음 한번 닫으면 외롭고 서러운 일상이 반복된다. 퇴직은 있지만 은퇴란 없다. 은퇴라는 생각에서 은퇴하는 순간, 제2의 삶이 환하게 시작된다.

교수라는 꿈을 이루고
내려놓기까지

내가 교수가 된 건 마흔이 되어서였다. 조교수를 거쳐 부교수까지 승진도 했다. 이제 정교수만 되면 남은 생은 편안할 것 같았다. 그러나 그건 다른 사람이 봤을 때다. 나는 교수 생활이 만족스럽지 않았다. 그건 평소 나에게 던지는 세 가지 질문 때문이었다. 나는 서른이 넘을 때부터 습관적으로 세 가지 질문을 던지고, 그 질문에 대한 답이 만족스럽지 않을 때 환경을 바꾸어 왔다. 세 가지 질문은 '이게 내가 원하는 삶인가?', '나는 지금 행복한가?', '나는 지금 무얼 하고 있는가?'라는 질문이었다.

이 질문에 가장 완벽하게 '예스'라고 대답한 시절은 작은 암자에 살던 5년이었다. 내가 주인으로 사는 5년 동안 나에게 이래라저래라 명령하거나 지시하는 사람이 아무도 없었다. 나 또한 누구에게 뭔가를 요구하거나 강요하지 않았다. 스님에게 그럴 수도 없었다. 스님은 단 한 번도 법당에 올라와 기도를 드리라고 하지 않았다. 오히려 내가 읍내 교회에 간다고 하자 헌금할 돈을 불전함에서 꺼내 주셨다. 그리고 목사님이 하시는 말씀이 무엇이었냐고 묻고, 내가 말하면 부처님도 비슷한 이야기를 하셨다며 신나게 설명을 하시던 분이었다. 그런 자유로운 스님과 지낸 그 기간은 내게 말할 수 없는 행복을 안겨준 세월이었다. 자유란 자기의 이유를 줄인 말이라고 한다. 나는 완전히 자유로웠다.

아내를 우연히 만나 결혼하고 교수가 되면서 나의 자유 시대도 끝이 났다. 나는 어린 시절부터 선생님이 되는 것이 꿈이었기에 대학교수가 되는 것은 꿈 그 이상의 꿈을 성취한 것이라 처음 교수가 되었을 때는 뛸 듯이 기뻤다. 하지만 그런 기쁨은 얼마 지나지 않아 사라졌다. 교수는 가르치기만 하는 사람이라고 생각했는데, 가르치는 일보다 학술 논문을 쓰고, 입시 계획을 세우고, 학생을 모집하고, 행정 일을 하는 시간이 훨씬 더 많았다.

이런 일을 하면서 나는 행복하지 않았다. 이게 내가 원하던 일인가? 아니었다. 지금 나는 행복한가? 아니었다. 지금 나는 무엇을 하고 있는가? 어느 날 이 세 번째 질문에 숨이 턱 막혔다. 그리고 이런 소리가 마음속 깊은 곳에서 흘러나왔다. '나는 지금 내 꿈이 아니라 남의 꿈을 꾸고 있는 거야.' 사회적 지위와 안정된 수입이라는 그물에 스스로를 묶고, 원하지도 않은 일들을 해나가는 것이 싫어졌다. 나만의 방식과 교재로 신나게 나답게 가르치던 강사 시절과 달리 국가자격증 시험 과목을 강의하면서 정해진 교재의 진도를 나가야 했다. 남의 기준, 남의 이야기를 전하는 재미없는 수업을 해야 했다.

교수를 그만두고 싶다는 생각이 들기 시작한 건 이런 세월을 3년 정도 보냈을 때였다. 그러나 그만둘 수 없었다. 나에게는 결혼한 아내가 있고, 이제 두 돌이 지난 아들이 있었다. 돈이 필요했다. 스스로 물었다. 이제 어떻게 하면 좋은가?

나는 긴 퇴사 준비에 들어갔다. 퇴사 준비를 마치는 데 꼬박 5년이 걸렸다. 퇴준생으로 5년을 산 것이다. 교수로서의 3년보다 퇴준생 기간이 행복했다. 퇴직 준비를 탄탄히 해야 교수직을 그만둔 후 아내, 아들과 살아갈 수 있다는 걸 알았기에 충동적으로 사표를 던지지 않았다. 싫어서 떠나는 대학교가 아니라 갈 곳이 있어서 떠나는 대학교이고 싶었다. 그러려면 돈이 확보되어야 했고, 내가 좋아하는 일을 할 수 있어야 했다.

그 당시 눈에 들어온 책이 철학자 쇼펜하우어의 책이었다. 쇼펜하우어는 이렇게 말했다. 모두가 필요로 하지만, 누구도 필요하지 않은 사람이 가장 자유로운 사람이다. 그 말에 깊이 공감했다. 사람들이 나를 필요로 하지만 나는 사람들을 필요로 하지 않는 일은 혼자 일하는 프리랜서였다. 다른 사람을 필요로 하지 않으려면 스스로 나를 믿을 수 있는 실력이 있어야 했다. 내가 가장 많이 책을 읽고 사색하고, 스스로를 들여다본 시간은 퇴준생 시절 5년이었다. 그 시절 나에게 편지를 쓰는 습관을 들였다. 적당히 현실과 타협하려는 마음이 들 때마다 나에게 부드럽고 친절하게 말하는 편지를 썼다. 그렇게 쓴 편지가 지금까지 300여 통에 이른다. 그 편지를 통해 많은 위로와 힘을 받았다. 나를 가장 잘 아는 건 언제나 나 자신이었기에 어설프게 속일 수도 없고 정직해야 했다. 그중 한 편지의 내용이다.

교수가 되기 전에는 정기적인 고정 수입이 몇백 꼬박꼬박 들어온다면 얼마나 안정되고 좋을까 하고 교수직을 열망했었니. 교수를 하면서 네가 깨달은 게 있지. 늘 빛을 보고 무언가를 고르지만 거기에는 반드시 그림자도 있다는 걸 말이야. 안정 뒤엔 부자유가 보수 뒤엔 해야 하는 싫은 일이 그림자로 있지. 그래서 너는 가족을 담보로 한 불안정에 대한 두려움으로 떨고 있는 거지. 요즘 네가 부단히 읽고 정리하고 창조하는 일상이 가져올 미래를 믿는다. 평생 네가 할 일은 교수가 아니라 선한 영향력을 주는 삶이야. 오늘도 건강한 너의 생활 습관을 응원한다. 모든 것이 잘되리라.

따뜻한 온실에서 자라는 인삼보다는 비바람이 몰아치는 산비탈에서 자라는 산삼이 되고 싶었던 새로운 꿈을 이룬 지 10년이 되었다. 지금도 나는 경제적으로 불안정하고, 모든 자영업자가 겪어야 하는 두려움을 안고 산다. 하지만 한순간도 교수직을 그만둔 것을 아쉬워하거나 후회하지 않는다. 교수가 되기보다 고수가 되고 싶다는 마음 하나로 사는 하루는 교수로 사는 한 해보다 가치 있다. 교수는 감미로웠다. 하지만 딱 그만큼 자유롭지 않았다. 고수의 길은 험난했다. 그러나 그

만큼 자유로웠다. 나는 나의 이유로 사는 지금을 남의 이유로,
남의 인정과 칭찬으로 사는 삶과 바꾸고 싶지 않다. 내가 나로
사는 오늘이 가장 즐겁다.

걱정과 후회 속에
오늘을 살지 못하는 이들에게

상담하면서 속으로 가장 자주 하는 말은 '나도 그런 적 있는데, 언젠가 나도 그런 마음을 가진 적이 있지. 맞아, 그런 기분이 든 적이 있었어.'이다. 30여 년 동안 매일같이 지치지 않고 상담을 할 수 있는 데는 그 사람을 통해 나를 만나기 때문이다. 사람들 안에 있는 것이 내 안에 다 있다. 다만 내 안의 것이 밖으로 표출되지 않을 뿐이다.

한번은 불면증으로 힘들어하는 청년이 상담실을 찾았다. 퀭한 눈, 바싹 마른 몸. 한눈에 봐도 병원 침상에 누워 있는 게 자연스러울 것 같은 모습이었다. 그의 불면증 양상은 특이했다. 자려고 눈을 감으면 그날 아침부터 자기에게 생긴 일들이 차례로 떠올랐다.

'아침에 버스를 탔어. 그런데 사람이 많았지. 버스가 커브를 틀면서 사람들이 쏠렸고 나도 모르게 어떤 아이를 밀쳤지. 그때 아이는 얼마나 아팠을까. 내가 왜 그 연약한 아이를 힘들게 했을까. 나는 또 나쁜 짓을 하고 말았어.'

이렇게 시작된 후회가 한참 이어진다. 그리고 곧이어 회사에 도착해 생긴 일들이 떠오른다. 하나씩 곱씹으며 내가 한 말과 행동을 후회한다. 그러다 보면 몇 시간이 지난다. 겨우 잠들어 아침에 깨면 걱정이 시작된다.

'오늘 버스를 타면 또 밀릴 텐데 그 아이가 또 타면 어떻게 하지. 버스를 타지 말까. 그럼 지각할 텐데. 버스를 타야 하는데. 할머니라도 타시면 어떻게 하지. 그 할머니가 다칠 수도 있는데.'

걱정이 이어져 자리에서 일어날 수 없다. 그런 세월이 몇 년이 지나자 살아도 산 것 같지 않았다. 몸은 점점 야위어 가고 뭘 먹어도 먹은 것 같지 않았다. 이러다 죽을 것 같았다. 정신병원에 가야 하나. 아니야. 난 환자는 아니야. 어디로 가야 하지. 그렇게 몇 달을 고민하다 나를 찾아왔다.

그의 이야기를 듣고 있는데 낯설지 않았다. 나도 했던 후회와 걱정이었다. 밤마다 지난 일들을 떠올리며 이불킥을 했고 아침마다 오늘 일어날 일이 걱정돼 이불을 뒤집어쓴 적이 여러 번 있었다. 정도의 차이가 있을 뿐 그와 나는 다르지 않았다. 그가 상담실을 찾은 것은 빈도와 정도가 나보다 더 잦고 심했기 때문이었다.

이렇게 축소판 나를 마주하며 공감한다. 과거에 대한 후회와 미래에 대한 불안을 내게서 빼고 나면 남는 감정이 얼마나 될까. 때때로 이런 나도 그럴 때마다 힘든데 내담자는 하루도 빠지지 않고 몇 년간 그랬으니 얼마나 힘들고 죽고 싶을까. 나라면 견디기 어려웠을 거야. 그의 눈을 가만히 들여다본다. 슬프다 못해 절망적이다. 마음이 아프다. 이럴 때는 말보다 '나역시 당신과 별로 다르지 않습니다.'라는 눈빛이 더 큰 울림을 준다.

"사람으로 산 적이 없으시네요. 과거와 미래만 있고 현재가 없어요. 유령으로 사는 거네요."

그의 눈이 빨개지더니 고개를 끄덕이며 운다.

"맞아요. 그거예요. 살아 있다는 생각이 들지 않아요."

자기 마음을 그대로 알아주는 사람을 만났다는 기쁨으로 그의 눈빛이 빛났다. 몇 차례 상담을 받으면서 그의 수면 시간이 조금씩 늘었다. 그는 '현재를 살자!'라는 마음 처방전이 고맙게도 효과를 발휘했다며 웃었다.

사실 그 처방전은 그에게만 내린 처방전이 아니었다. 그를 처음 만난 그날 밤부터 나에게도 적용한 처방전이었다. 하루 동안 있었던 일을 떠올리며 후회를 시작하려는 찰나에 '현재를 살자.' 처방전을 내리고 중얼거렸다. 그러자 나는 고개를 끄덕이며 후회를 멈추었다. 그를 살린 말이 나도 살렸다. 그 덕분에 이후 나도 자기 전 후회와 다음날 아침 걱정이 줄어들었다. 이럴 때는 상담 비용을 받을 게 아니라 내담자에게 비용을 지불해야 하는 게 아닐까 싶은 마음이 든다.

사람을 설계할 때 조물주는 다른 건 다 질리지만 자기 자신만은 질리지 않도록 설계했음이 분명하다. 그렇지 않다면 내가 나를 만나는 것이 이렇게 즐거울 리가 없다. 대학에서 엠티(MT)를 갔을 때 두꺼운 안경을 쓴 선배가 연애 기술을 점잖게 귀띔했다.

"마음에 드는 아이가 있으면 말이야. 이렇게 말해봐. 교수님들이 너를 어떻게 이야기하는 줄 알아? 그러면 그 아이가 바싹 다가앉는단 말이지. 사람은 다 자기가 어떻게 보이는지 자기가 누군지 궁금해하니까. 그럴 때 교수들 하는 이야기를 흘리다가 네 속마음을 슬쩍 얹어서 이야기하란 말이야."

지금 생각해도 선배는 그 나이에 어떻게 사람 마음을 그렇게 꿰뚫고 있었는지 놀라울 따름이다. 사람은 자기에게 가장 관심이 많아서 누가 자신에 대해 뭐라고 했다고 하면 귀가 번쩍하고 눈이 동그랗게 커진다. 그리고 바싹 다가앉는다. 이런 양상이 특정 공간에서 이루어지는 게 상담이다.

상담하면서 가장 좋은 건 상담자라는 말이 있다. 처음 상담을 시작했을 때는 이 말을 이해할 수 없었다. 그런데 해를 거듭할수록 그 말이 이해된다. 상담받으러 온 사람을 통해 그동안 외면했던 나를 만나고, 만나야만 했던 나를 만나고, 만나고 싶은 나를 만난다. 그리고 부드럽고 친절하게 더 나은 내가 되는 길로 안내한다. 내가 나를 만나기를 좋아한다면 그곳이 곧 상담실이며 내가 내담자이자 곧 상담자다. 나는 세상에서 나를 만나는 일이 제일 즐겁다.

타인에게 관대하려면
나에게 먼저 친절해야 한다

　나는 나에게 친절하다. 자기 친절은 남과 세상에 친절할 수 있는 유일한 방법이라고 믿기 때문이다. 그리고 오십이 넘어서는 나와 남과 세상에 친절할 때 행복할 수 있음을 알게 되었다. 내가 제일 먼저 친절하고자 하는 대상은 내 몸이다. 매일 아침 일어나면 공복혈당과 몸무게를 재어 몸 일기에 기록한다. 나는 당뇨가 높아 날마다 확인해야 하며 유전적으로 조금 과식하면 비만이 되는 체질이다.

　몸의 어원은 모음이다. 먹은 것의 모음과 움직인 것의 모음이다. 몸 일기는 어제 나는 어떻게 먹고 움직였는지를 기록하는 보고서다. 피는 맑게 잘 흘러가는지, 몸은 불편하지 않은지 몸 일기를 통해 몸에게 알려준다.

'오늘은 당이 좀 높습니다. 음식 드실 때 참고하시면 고맙겠습니다.'

'오늘은 체중이 500그램 늘었습니다. 전날 조금 많이 드신 것 같습니다.'

몸은 나의 마음이 전하는 메시지에 고마워한다. 몸과 마음은 평생 서로에게 귀한 존재이기에 함부로 몸을 나무라거나 비난하지 않는다. 호텔에서 손님을 대하듯 친절하게 일기로 상태를 전한다. 아침, 점심, 저녁에 먹은 것과 간식도 기록하여 몸에게 확인시켜 준다.

요즘 몸 일기 외에 몸에게 예의를 갖추는 행동이 하나 늘었다. 샤워 시간이다. 3장에서 자세히 소개하겠지만 얼마 전 상담하다 만난 약사는 아침, 저녁으로 30분씩 샤워를 한다고 했다. 양치하는 데 5분이 걸리고 손가락 마디마디까지 정성껏 씻는다고 했다. 5분도 안 되어 샤워를 마치는 나는 그 말에 충격을 받았다. 그날부터 30분 샤워를 시작했는데 마음이 울컥했다. 호강하는 느낌이 들었기 때문이다. 이후로 아침, 저녁으로 20분에서 30분 동안 샤워를 하기 시작했고 남은 생 동안 몸에게 친절한 샤워를 이어갈 생각이다.

내가 두 번째로 친절하게 대하는 것은 마음이다. 몸과 마찬가지로 마음도 변하는데 몸보다 변화 속도가 빠르고 양상이 복잡하다. 이런 마음에게 친절하기 위해서는 마음의 흐름을 잘 관찰해야 한다. 이를 위해 매일 여러 권의 노트와 일기를 쓰고 있으며, 때때로 나에게 편지를 쓴다.

가장 먼저 쓰는 마음 노트는 기념일 노트다. 기념일 노트는 10년 전 처음 쓰기 시작했다. 10년 전 부교수로 승진한 날 이건 기념일이라는 생각이 들었다. 그런데 문득 이렇게 기념할 만한 일이 한 해 몇 번이나 있을지 의문이 들었다. 많아도 사나흘. 그러자 365일 중 362일이 너무 시시하다는 생각이 들었다. 승진처럼 큰 것만 기념해선 안 되겠다 싶었다. 마침 그날 끓인 라면 국물 맛이 기가 막혔다. 나는 작은 노트에 '라면 국물 기념일'이라고 쓰고 '오늘 내가 끓인 라면이 너무 맛있었다. 오늘은 라면 국물이 진짜 맛있는 기념일이다.'라고 해설을 달았다.

그날 이후 지금까지 기념일 노트를 시간 날 때마다 쓰고 있다. 어떤 날은 '푸른 하늘 기념일', 어떤 날은 '개운하게 잔 기넘일'이라고 제목을 붙인다. 바쁠 때는 한 달에 하나를 쓸 때도 있고, 한가할 때는 하루에 10개를 쓸 때도 있다.

기념일 노트를 쓰면서 깨달은 것이 하나 있다. 매일이 기적이라는 사실이다. '범사에 감사한다'라는 말의 의미를 가슴으로 받아들였다. 일상에서 소소한 일들이 주는 기쁨은 그것을 기록할 때 보다 생생해지고 감동으로 남는다. 아인슈타인이 사람은 모든 것이 기적이라는 사람과 그 무엇도 기적이 아니라는 사람으로 나뉜다고 말했다는데, 기념일 노트를 쓰고 난 후 모든 것이 기적이라는 것을 마음으로 느끼게 되었다.

기념일 노트와 함께 잠자기 전에 쓰는 일기가 두 권 더 있다. 한 권은 감사 일기이고 다른 한 권은 배움 일기다. 감사 일기는 그날 있었던 가장 기분 좋았던 일 하나를 쓰고 거기에 관련된 사람이나 상황에 무엇이 감사한지를 적는다. 그러면 기분이 더 좋아진다.

배움 일기는 반대로 그날 있었던 기분 나빴던 일 하나를 쓰고 그 일로 내가 배운 것이 무엇인지를 적는다. 감사 일기는 금방 쓰지만 배움 일기는 시간이 좀 걸린다. 기분 나빴던 사건에서 배울 점을 찾기란 쉽지도 유쾌하지도 않다. 그러나 반드시 배울 점이 있다. 다른 사람이 나에게 무례했다면, 그 사람을 통해 내가 사람들에게 예의를 갖춰야 함을 절실하게 알게 되었다고 적는다. 그러면서 나는 누구에게 무례한 적이 없었을까 돌이본다. 감사 일기는 나를 행복하게 만들고 배움 일기는 나를 겸손하고 성숙하게 만든다. 두 일기를 쓰고 나면 내가 얼마나 복이 많은 사람인지 알 수 있다. 또한 내가 배움을 좋아하고 스스로를 성장시켜 나간다는 사실이 확인돼 흐뭇한 마음으로 잠자리에 든다.

마지막으로 나에게 편지 쓰기는 20년 가까이 하고 있다. 편지는 '사랑하는 서원에게, 서원아, 요즘 고생이 많다.' 같은 말로 시작한다. 사랑하는 연인에게 쓰듯 친절하고 부드러운 어투로 쓰고 말미에는 꼭 격려하고 칭찬하는 말로 마무리한다. '그래, 이번에도 잘할 줄 알았어. 장하다.' 이렇게 편지를 다 쓰고 나면 괜히 코끝이 찡해진다.

나에게 친절해지는 방법은 그리 어렵거나 복잡하지 않다. 몸을 관찰하여 몸에게 일어난 일을 알려주고, 마음을 관찰하여 마음에게 일어난 일을 알려주는 것이 전부다. 알려줄 때는 거칠고 모질지 않고 정성껏 존중하는 마음으로 하면 된다. 그러면 몸도 좋아하고 마음도 좋아해서 서로에게 편안하고 너그립고 온화한 존재가 되려고 노력한다.

　이렇게 오래 꾸준히 나에게 친절하다 보니 자연스럽게 다른 사람에게 친절한 나를 발견한다. 행복한 사람은 남을 괴롭히지 않는다. 나에게 친절한 사람은 내 안에서 기쁨과 즐거움을 발견하기 때문에 행복할 수밖에 없다. 그런 행복은 남을 대할 때 나처럼 그도 행복하기를 빌며 상대방에게 친절하게 대한다.

나이가 들수록
찾는 이들이 많은 사람의 특징

어느 고등학생 아들이 오토바이를 훔쳐서 경찰에 잡혔다. 아버지는 피해자 가족을 만나 합의금을 주고 경찰서에서 아들을 데려왔다. 근처 식당에서 마주한 아들에게 아버지가 다짜고짜 물었다.

"오토바이 훔치고 싶어서 훔쳤어?"

"아니요."

"호기심에 훔쳤지?"

"예."

"앞으로는 훔치고 싶을 때 훔쳐. 알았어?"

고개를 푹 숙인 아들은 아무 말도 하지 못했다.

"국 식어. 얼른 먹어."

그 후 아들은 다시는 남의 물건에 손을 대지 않았다. 그리고 커서는 도둑을 잡는 경찰이 되었다.

남의 물건을 훔치는 일은 분명히 잘못된 일이다. 하지만 사춘기 아들이 지금 가진 마음을 있는 그대로 인정하고 나아가 아들을 향한 변하지 않는 믿음을 표현할 수 있는 아버지가 얼마나 될까. 아버지의 말투는 직설적이고 거칠어 보이나 관대한 마음으로 아들을 대했다.

아버지가 관대할 수 있었던 것은 우리는 똑같이 부족하고 모자란 존재이며 그래서 실수할 수 있고 잘못을 저지를 수 있다고 생각했기 때문이다. 관대함은 겉으로 드러난 말이나 행동이 아니라 사람을 대하는 태도로 판단할 수 있다.

자식에게 여유로워지려면 나에게 먼저 관대해야 한다. 그러면 자식에게 가장 좋은 부모와 좋지 않은 부모는 어떤 유형일까. 최악의 부모는 똑똑하고 부지런하고 성실한 부모일 수 있다. 부모가 똑똑하면 자식 역시 나처럼 똑똑하기를 바라기 때문이다. 그런데 아이가 똑똑하면 다행이지만 그렇지 못하면 부모에게 미움과 구박을 받을 가능성이 크다. 부모가 부지런하거나 성실하면 자식이 굼뜨거나 대충 하는 것을 넘기지 못한다. 아이에게 잔소리와 한심하다는 소리를 할 가능성이 크다. 사람은 자신이 잘하는 것을 남에게도 요구하는 경향이 있다. 그 결과 가장 가까이에 있는 사람이 피해자가 된다.

똑똑하고 부지런하고 성실한 부모가 자식에게 최고의 부모가 되려면 어떻게 해야 할까. 아이 역시 자신처럼 그러기를 바라지 않으면 된다. 자녀는 자신과 얼마든지 다를 수 있다는 생각을 지니고 자식을 대하면 자식은 자기 자신으로 살 수 있으니 부모에게 고마워한다. 나아가 모범적으로 살아가는 부모를 존경하게 되니 그들은 최고의 부모가 된다.

즉 최악의 부모와 최고의 부모를 가르는 것은 똑똑하고, 부지런하고, 성실한 특성이 아니다. 자신의 미덕을 자식에게 요구하느냐 요구하지 않느냐에 있다. 요구하는 부모는 통제하는 부모이며 요구하지 않는 부모는 관대한 부모다. 통제는 폭력의 주된 특징이고 관대는 비폭력의 주된 특징이다.

가족 상담이란 과목을 강의할 때 나는 학생들에게 과제나 시험을 실시하지 않고 학기말 보고서에 자기가 문제를 내고 스스로 답을 쓰고 발표하게 한다. 문제는 자기 인생 최대의 고민을, 답은 다섯 줄로만 작성해야 한다. 가장 재미있는 보고서는 '우리 가족은 왜 밥을 따로 먹을까?'라는 보고서였다.

우리 네 식구는 30년 동안 다 같이 모여 밥을 먹은 적이 별로 없다. 어쩌다 다 같이 밥을 먹으면 엄마는 "모두 함께 밥을 먹으니 얼마나 기쁜지 몰라." 그러면 동생은 "꼭 모여서 밥을 먹어야 하는 건 아니잖아. 왜 그런 말을 해?"라고 말하고, 나는 이렇게 말한다. "밥을 같이 안 먹어도 사이는 좋잖아." 아빠는 침묵한다. 각자 생각이 달라서 그럴까?

학생이 보고서를 소리 내어 읽는 내내 모두 유쾌하게 웃었다. 글은 짧았지만 글 속의 가족은 관대한 가족이었다. 누구도 밥 먹는 것으로 남을 통제하려는 시도를 하지 않고 있었다. 만약 누구 한 사람이 밥 먹는 것에 이의를 제기했다면 무려 30년간 밥 먹는 일로 이렇게 평화로울 수는 없었을 것이다. 특히 이 가정에서 엄마는 가장 관대한 사람이었을 것이다. 함께 밥 먹기를 좋아하면서도 남편과 아이들의 마음과 사정을 헤아려 같이 밥을 먹자고 통제하지 않았다는 건 대단한 관대함이다.

학생에게 부모님은 어떤 분이시냐고 물었다.

"우리 부모님은 식사든 무엇이든 강요하지 않으세요. 부모님보다 우리가 먼저 밥을 먹어도 뭐라 하지 않아요. 그런데 동생은 집에 오면 "아빠는 왔어?", "언니 밥은 먹었어?"라고 이야기해요."

부모는 관대한 태도로 가족 구성원 모두 각자 자기 모습으로 살 수 있도록 보장하고 있다. 또 자식이 먼저 먹어도 뭐라고 하지 않는, 세상 기준에 연연하지 않는 유연함도 있다. 그런 분위기에서 자란 자녀는 자연스럽게 가족을 생각하고 챙기는 따뜻한 아이가 되어 아빠가 왔는지를 궁금해하고 언니가 밥은 먹었는지 챙기려 한다. 건강한 가족의 좋은 모델이다.

부모가 관대하면 자식도 타인에게 관대한 사람이 되지만 부모가 통제하면 자식은 타인에게 반발하고 타인을 통제하는 사람이 된다. 그렇다면 자식에게 관대한 부모와 자식을 통제하는 부모를 가르는 특성은 무엇일까. 그것은 자신에게 관대한지 통제적인지에 달렸다. 자신에게 너그러운 사람이 타인에게 관대하며 자신의 실수에 너털웃음을 지으며 웃어넘길 수 있는 사람이 타인에게 너그럽다.

비단 부모 자식 관계만 통제와 관대함의 이치가 적용되는 것이 아니다. 부부, 형제, 친척 관계를 넘어 모든 대인 관계에 적용된다. 자신과 타인을 통제하려는 사람은 노년에 외로워질 각오를 해야 한다. 가까운 사람이 머지않아 고개를 절레절레 흔들며 떠날 것이기 때문이다. 반대로 나와 타인에게 관대한 사람은 노년 생활이 풍요로워질 것이라 예상해도 좋다. 멀고 가까운 사람들이 틈날 때마다 와서 같이 차 마시고 밥을 먹자고 할 것이기 때문이다. 자신에게 관대한 태도는 자신과 남을 살리는 약이다.

오십 이후를 풍성하게 하는
버킷 리스트

심리학자들이 쥐를 대상으로 실험을 했다. 서로 다른 환경의 길다란 두 통에 쥐를 각각 한 마리씩 넣었다. 한 통은 깜깜했고, 다른 통은 뚜껑에 바늘구멍을 뚫어 빛 한 줄기가 들었다. 빛이 전혀 통하지 않는 통의 쥐는 세 시간을 넘기지 못하고 죽었다. 그런데 빛 한 줄기만 비치는 통 안의 쥐는 무려 서른 시간을 견뎠다.

인생이라는 큰 통에서 살아가는 우리도 이와 다르지 않다. 앞으로 나아질 거라는 희망이 없다면 살맛이 나지 않는다. 지금 현실이 힘들어도 내일은 조금 나아질 거라는 희망과 기대를 품고 오늘을 버티고 견디는 것이 사람이다. 그래서 사람들은 버킷 리스트에 열광한다. 인생이라는 어두운 터널을 통과할 때 빛 한 줄기를 품고 싶어 하기 때문이다. 나도 그런 사람 가운데 한 사람으로 버킷 리스트를 가슴에 품고 살아간다. 나의 버킷 리스트는 무엇인지 생각해 보는 시간을 가져보자.

1. 새로운 일에 도전하고 공부하기

여러 연령대 중에서도 가장 보람 있고 재미있는 상담은 인생의 노년을 맞이한 노부부를 대상으로 하는 상담이었다. 육십이 넘으면 사람은 자신의 삶을 되돌아본다. 살면서 잘하고 잘못했던 일은 무엇인지 돌아보니 후회되는 부분은 무엇인지 꼼꼼히 살펴보는 것이다. 내담자들은 이 과정을 통해 지난 인생을 정리하는 동시에 남은 시간을 어떻게 보내야 할지 모색했다. 내담자들의 만족도도 상당히 높았고 그런 이들을 보는 것이 나에게도 큰 즐거움이었다. 그래서 인생의 두 번째 봄을 준비하는 이들을 위한 개인이나 집단상담을 기획하고 진행하고 싶다.

반려인을 위한 상담 분야도 도전하고 싶다. 가족 구성원으로서 반려견의 역할이 갈수록 커지고 있다. 반려견을 떠나보내고 오랜 세월 고통스러워하는 사람들을 위로하고 일상을 회복하도록 돕는 집단상담을 지속적으로 해보고 싶다. 이를 위해 반려동물학과에 진학하여 공부하고 싶다.

2. 히말라야산맥 트래킹 하기

히말라야산맥을 여러 번 다녀온 지인의 말에 따르면 상상을 뛰어넘는 거대한 산 앞에서 말문이 막힌다고 한다. 거대한 설산에 저녁노을이 황금빛으로 누렇게 물들 때 자신도 모르게 주르르 눈물이 났다고 했다. 인간이란 존재가 한없이 작다는 사실을 실감하고 한없이 큰 산에 경외의 마음과 겸손한 마음이 들어서란다. 나 역시 가서 한없이 작은 나를 느껴보고 싶다. 동행하는 사람은 서로 말없이 걸어가도 되는, 마음 맞는 사람이면 좋겠다.

3. 아내와 다섯 나라에서 한 달씩 살기

오래도록 부부 상담을 하면서 부부가 서로를 힘들게 하는 첫 번째 원인이 통제라는 것을 알게 되었다. 그런데 나의 아내에게는 그런 통제가 없으니 늘 편안하고 아내와 함께 있는 것이 세상에서 제일 좋다. 카페에 함께 있어도 각자 다른 일을 하면서도 서로 무엇을 하는지 왜 하는지 간섭하지 않고 방해하지 않는다. 마치 발가락이 서로 닿아 있으면서 서로 다른 동작을 하는 것과 같다. 그러다 보니 내가 하고 싶은 일을 할 때 나 혼자 하는 것보다 아내와 하는 편이 더 든든하고 편하다.

낯선 도시에서 아내와 한 달 동안 살면서 좋아하는 글쓰기와 그림 그리기를 만끽하고 싶다. 돈이 적지 않게 드는 일이기에 남은 생에 다섯 나라, 다섯 도시에서 하고 싶다. 유럽에 가본 적이 없으니 유럽의 다섯 나라면 더 좋겠다.

4. 아들과 유튜브 공동 진행하기

아들과 특히 잠들기 전 불을 끄고 장난을 치면서 두런두런 속마음을 이야기하기를 좋아한다. 환한 낮에는 상상할 수 없었던 아들의 감정과 생각이 우수수 쏟아진다. 그래서 아들과 유튜브를 하고 싶다는 소망을 품었고 실제로 몇 번 시험 삼아 촬영도 했으나 지속할 자신이 없어 업로드는 못 했다. 먼저 나누고 싶은 주제는 부모와 자식 사이다. 부모와 자식이 서로 어떻게 바라보고 대해야 하며 자식은 부모를 어떤 사람으로 바라보고 대해야 하는지를 이야기하고 싶다.

그동안 우리 사회에는 부모에게 자식을 이렇게 키우라는 이야기는 많았지만 자식이 부모를 어떻게 바라보고 대해야 하는지에 대한 이야기는 적었다. 불통이 소통이 되려면 진통이 따르는데 유튜브를 통해 그 과정을 보여주고 싶다.

5. 가족 세미나 만들기

우리 형제는 하는 일은 다르지만 일할 때 마음은 똑같다. 이러다 망하겠다 싶은, 돈이 되지 않는 일만 하는 것이다. 그런 형제들이 다 모였을 때 내가 이런 제안을 했다. '교수들은 모여서 세미나를 한다. 우리 가족도 세미나라는 걸 해보자.' 형제들은 내가 또 황당한 소리를 한다는 눈으로 웃었다. 나는 그 웃음이 반은 허락이라 생각하고 살살 조카들을 꼬드겼다.

"얘들아, 모여서 가족 이야기를 발표하고 질문하면서 알아가 보는 거야."

10대와 20대 조카들이 호기심 가득한 얼굴로 흥미를 보였다.

드디어 연말에 연로하신 할머니부터 초등학교에 갓 들어간 손주까지 모두 모인 가운데 가족 세미나가 열렸다. 손주들에 대해 모르는 것이 없다던 할머니는 나의 꿈, 나의 미래를 주제로 손주들이 발표할 때마다 화들짝 놀랐다. 세미나가 진행되면서 가족들은 점점 놀라고 감탄하며 진지해졌다. 겉모습만 알았지 속마음은 몰랐다는 부끄러움마저 느꼈다. 가족 세미나를 계기로 온 가족의 친밀감과 이해력이 높아졌다.

큰 조카가 파리에 여행을 가 여권을 잃고 보름 가까이 노숙자처럼 살아야 했을 때는 삼촌, 고모, 숙모가 앞다투어 연락하고 돈을 보내 위기에서 벗어나도록 도왔다. 아이들이 진학할 때도 그 아이의 꿈을 아는 가족들이 다방면으로 네트워크가 되어 도움을 주었다. 나는 그 해 가족 세미나가 인상적이었고, 다시 이어가고 싶다.

6. 책 100권 쓰기

나를 가톨릭 신자의 길로 이끌어 주신 대모님은 늘 나에게 이렇게 말씀하시곤 했다. "우리 대자님, 다 하실 수 있으십니다. 마음껏 해보세요."

그 말을 여러 번 반복해서 들으며 그 말은 곧 나의 신앙이 되었다. 다 할 수 있고 마음껏 해보라면 나는 죽기 전에 책을 100권 써보고 싶다. 지금 이 책까지 8권을 썼으니 92권만 쓰면 된다. 대모님은 미리 100권 꽂을 책장을 마련하겠다고 해서 나를 웃게 만드셨다.

100은 상상 속의 숫자다. 그것을 달성하지 못해도 괜찮다. 목표를 향해 밀고 나가는 성실한 나를 보고 싶은 것이 100이라는 숫자에 담아둔 진정한 이유이기 때문이다. 운이 좋으면 100권이 정말 나올지 누가 알겠는가. 아무도 모르는 미래의 100권이 지금 나를 설레게 한다.

7. 좋은 사람들과 함께하는 모임 이어가기

내가 생각하는 좋은 사람은 남을 웃게 해서 나도 웃는 사람이다. 세상이 추구하는 돈, 명예, 힘은 저절로 따라오면 좋은 미덕이지만 목적이 되는 순간 자신과 많은 사람을 다치게 하는 독약이다. 내가 생각하는 좋은 사람은 거대한 욕망에 휘둘리지 않고 이것들로부터 자유롭다. 그러려면 지혜에 관심이 많고 지혜로워지기를 소망해야 한다. 40대부터는 그런 사람을 만나기 위해 노력하다가 50대 중반부터 그런 이들을 모아 '인생포럼'이라는 모임을 만들었다.

인생포럼은 단 하나의 질문을 던진다. '당신 삶에서 우리가 배워야 할 지혜는 무엇입니까?' 각 분야에서 지혜를 사랑하는 20여 명이 두 달마다 모인다. 한 시간은 대담으로 나머지 한 시간은 자유로운 질문과 답변을 나눈다. 시작한 첫해에 참가한 분들이 평생 이 모임을 이어 가고 싶다고 했다. 그런 소망을 가장 강하게 가진 사람이 모임의 대표를 맡은 나 자신이다. 이 모임이 나와 회원들의 노후를 행복한 경험으로 수놓을 것이라 믿는다.

8. 생전 장례식 하기

나의 죽음이 가까워지면 고마웠던 사람들을 초대해서 '생전 장례식'을 치르고 싶다. 그 자리에서 그들에게 고마웠던 이유를 일일이 말해주고 이 내용을 담은 감사패를 만들어 전달하고 싶다. "당신 덕분에 내 삶이 참 행복했고 재미있었다."라고 그들과 마음을 나누는 시간을 가지는 게 나의 마지막 버킷 리스트이다.

죽기 전에 꼭 하고 싶은
버킷 리스트 적어보기

1

2

3

4

5

6

7

8

9

10

2장

30년 동안
3만 명의 인생을 만나며
배운 것들

'상처'라는 열차가
지나가는 중입니다

"계속 당한 게 떠올라 괴로운데 어떻게 하죠?"

상사의 가스라이팅에 고통을 받던 직장인이 내가 출연하는 라디오프로그램 고민 상담 코너에 사연을 보냈다.

6년 정도 다니던 직장을 퇴사했습니다. 저는 상사의 감정 쓰레기통이었어요. 입사 3년 만에 팀장으로 승진한 저는 매일 제 팀원들 앞에서 센터장님의 심한 하대를 겪어야 했습니다. 그때마다 팀원들이 얼마나 저를 무능력하고 한심하게 생각할까 자존감이 바닥을 쳤고 센터장이 부를 때마다 경기를 일으키곤 했습니다.

매일 밤 불면증에 시달렸고 아침 출근길에 오늘은 제발 아무 일이 없게 해달라며 간절히 기도했어요. 그러다 더 이상 나를 갉아먹으면 안 된다고 저를 진심으로 걱정하는 분의 한마디에 용기를 내어 퇴사했어요.

지금은 전 직장보다 조건도 대우도 훨씬 좋은 곳으로 취업했습니다. 저는 제가 좋은 회사에 오면 모든 것을 잊고 행복할 줄 알았어요. 그런데 새로운 직장에서 인정받고 따뜻한 마음을 느낄 때마다 예전 직장 기억이 떠오르며 내가 왜 그렇게 거기서 당하고 살았을까, 왜 그렇게 짓밟혔을까, 너무 화가 나 눈물이 납니다.

현재 일상생활 속에서도 계속 떠오르는 그때의 기억들. 그 수치심이 저를 괴롭힙니다. 지금도 그 인간을 생각하면 소름이 끼치고 역겹습니다. 저는 왜 아직 거기를 벗어나지 못하고 있는 걸까요. 너무 힘들어요, 도와주세요.

이 사연을 듣고 나는 진행하던 아나운서에게 물었다.

"열차가 통과하는 건널목에서 열차 통과 신호가 바뀌면서 함께 차단기가 내려가면 어떻게 해야 하죠?"

"멈춰야죠."

"그렇습니다. 계속 가면 사고가 나죠. 멈춰서 뭘 해야 하죠?"

"열차가 지나긴 기다려야죠."

"맞습니다. 열차를 지켜보며 지나가길 기다려야죠. 지금 사연 주신 분의 트라우마는 열차예요. 지금 열차가 통과하는 중이죠. 그러니 할 수 있는 게 뭐가 있겠어요. 열차를 담담히 지켜보는 수밖에 없지요. 이 열차가 통과하기를 기다리면서요."

살면서 생기는 트라우마와 상처는 열차와 같다. 머릿속에서 열차가 자꾸 지나간다. 나도 오십이 넘어서도 여러 번 군대에 다시 가는 꿈을 꾸었다. 얼마나 생생한지 꿈에서 군 생활을 하다가 중얼거린다. '나는 벌써 두 번째 입대인데 왜 아무도 그걸 모르지?' 이렇게 여러 번 군대에 다시 가는 꿈을 꾸는 이유는 억압적인 규율과 불합리한 명령들로 가득했던 군 생활이 내게 끔찍하게 싫은 트라우마였기 때문이다. 전역하고 한참 세월이 지나고 대학에서 교수직을 사직한 후에는 나를 미워했다고 생각하는 총장을 떠올리곤 했고, 매해 한두 번 꼴로 총장실에 불려가 야단을 맞는 꿈을 꾸었다. 그런 꿈을 꾼 다음 날이면 아침 밥맛이 없었다. 머릿속으로 총장이란 열차가 통과한 것이다. 나는 과거를 잊지만 과거는 나를 잊지 않는다는 건 우리 삶의 슬픈 진실이다.

너무 아픈 과거는 잊히지 않고 재현된다. 제대로 치유를 받고 싶어 하는 것이다. 트라우마는 과거의 현재형이다. 과거에 일어났지만 지금 일어난 것처럼 느껴져 마음을 아프게 하고 눈물을 흘리게 한다. 이럴 때는 열차가 통과하고 있다고 생각하는 것이 가장 도움이 된다. 열차가 통과할 때 뛰어들 수 없다. 그렇게 되면 나라는 자동차는 산산조각이 나고 만다. 라디오에 사연을 보내준 사연자가 옛날 센터장을 찾아가 보복을 한다면 현재 누리는 모든 평온한 삶은 산산조각이 나버린다. 열차는 통과할 때 잠시 숨을 고르게 하며 통과하는 열차를 담담한 마음으로 쳐다보아야 한다.

센터장이 그랬던 이유는 알 수 없지만 나는 그런 상사가 되지 말아야겠다고 다짐할 수 있고, 그때 당한 모멸스러운 일이 나에게 이런 고통을 주는 건 당연한 거라고 나를 위로하고 위안할 수도 있다. 그렇게 통과하는 열차를 바라보며 나에게 다정하게 말을 걸고 올라오는 감정을 당연하다고 여겨주며 인정할 때 트라우마는 조금씩 치유된다.

과거에 경험했던 부정적인 감정이나 상처, 트라우마는 내 마음속 열차다. 이 열차는 처음에는 자주 마음을 통과한다. 그 때마다 열차를 멈추게 하고 시비를 걸면 마음을 통과하지 않고 머물러 버린다. 열차는 통과해야 하고 나는 멈추고 바라봐 주어야 한다. 그런 과정이 조금 지나면 열차는 가끔 오기 시작한다. 그리고 마침내 잊어버릴 만할 때 어쩌다 한 번 통과한다. 트라우마는 사라지는 것이 아니라 옅어지는 것이다. 열차가 통과할 때마다 담담히 지켜보면 열차는 내 삶에 별 영향을 미치지 못하는 빈도로 가끔 찾아올 뿐이다. 그때 나는 똑같이 담담히 지켜보면 된다.

오십이 넘으면 살면서 섭섭했던 일들이 새록새록 떠오르기 시작한다. 나를 배신했던 사람이 더 미워지고, 가슴 아팠던 기억들이 새삼스레 소환되기도 한다. 그럴 때 제일 좋은 건 그 모든 일과 사람과 기억을 열차라고 생각하는 것이다. 지금 또 '빠앙' 기적 소리를 울리며 열차가 들어오고 있다. 열차가 통과하는 중이다. 담담히 지켜보며 내 마음을 다독이자. '서운한 게 정상이야. 미운 게 정상이야. 아픈 게 정상이야. 나니까 그때 그 정도 한 거고 지금 이 정도 하는 거야.' 열차가 통과하면 다시 일상이 환하게 시작된다. 그럼 됐다.

이혼 직전의 부부가
울게 된 까닭

"저희 이혼하는 게 맞지요?"

결혼한 지 1년이 되지 않은 부부가 상담실에 온 지 몇 분이 지나지 않았는데 대뜸 이렇게 말해 놀랐다. 이혼을 생각하는 이유는 여행 패턴이 다르기 때문이었다. 그냥 다른 것이 아니라 너무나도 달랐다. 신혼여행 때부터 남편은 여행지에서 침대와 몸이 하나인 '침연일체'였다. 힘들게 온 해외인데 남편은 잠에 곯아떨어져 몇 시간이고 일어나지 않았다. 이러려고 먼 곳까지 신혼여행을 떠난 것이 아닌데. 아내는 속이 상할 대로 상했다.

"잠만 자려고 여기 온 거야?"

"푹 쉬고 편하게 보내려고 온 거 아니야?"

그렇게 시작된 말싸움은 급기야 삿대실과 고성이 오가며 눈물 흘리는 첫날밤이 되고 말았다. 아내는 텔레비전이나 영화에 나오는 로맨틱하고 낭만 가득한 바닷가 산책과 쇼핑을 꿈꾸고 있었기에 잠만 자려는 남편에 대한 불만이 더 클 수밖에 없었다. 남편은 남편대로 신혼여행부터 이후 모든 여행에서 한곳에 진득하게 앉아 있지 않고 이곳저곳을 돌아다니려는 아내가 여간 피곤하지 않았다. 여행을 갈 때마다 두 사람은 싸웠다. 정말 한 번도 싸우지 않은 적이 없었다. 그러다 보니 이렇게는 못 살겠다 싶어 과연 누구 잘못인지 상담을 받아 보기로 했다. 도저히 맞지 않을 것 같으면 이혼하자는 마음으로 상담실 문을 노크했다.

나는 두 사람 이야기를 듣고 큰 소리로 웃고 나서 말했다.

"어떻게 할까요? 제 이야기를 듣고 나면 다시는 이혼 생각이 안 들 텐데요."

두 눈이 동그랗게 변한 두 사람에게 설명했다.

"말씀을 들어 보니 남편은 '나무늘보'네요. 나무늘보는 하루에 열일곱 시간을 자고 일곱 시간은 졸아요."

"딱이에요. 정말 우리 남편은 나무늘보예요. 어딜 가나 자려고 해요."

남편도 빙그레 웃으며 고개를 끄덕였다.

"피곤해서요. 회사 일이 워낙 힘들어 시간만 나면 쉬거나 자고 싶거든요."

"아내는 호기심 천국이에요. 여기도 가보고 싶고 저기도 가보고 싶고, 이것도 해보고 싶고 저것도 해보고 싶어 하네요."

"선생님, 정확하십니다. 아내는 정말 잠시도 가만히 있지 않아요. 카페에 가도 두리번거리며 사진을 찍고 화장실도 들어가 보고 위층이 있으면 올라가 보고 계속 '우와' 감탄사를 던지죠."

"나무늘보와 호기심 천국이 만난 거예요. 그게 다예요. 그런데 나무늘보는 죽을 때까지 호기심 천국이 될 수 없고 호기심 천국도 나무늘보가 될 수 없어요. 그것만 알면 돼요. 다른 건 몰라도 돼요. 서로 바꾸려고만 안 하면 거기가 천국이에요."

나는 남편에게 '나무늘보', 아내에게 '호기심 천국' 별칭을 붙여주었다. 두 사람은 아까 이혼하는 게 맞지 않냐고 물었던 사람들인가 싶게 각자 별칭에 손뼉을 치며 "맞네, 정말 맞아."를 연발하고 있었다.

"여행 계획이 또 언제 있나요?"

"열흘 후에 제주로 3박 4일 여행을 가요. 상담을 해보고 이혼해야 한다고 하면 여행을 취소하려고 했어요. 이번 여행에서는 서핑 레슨이 하루, 요가 레슨이 하루씩 잡혀 있어요."

아내의 계획을 처음으로 들은 남편은 기겁했다. 나는 자신에 찬 목소리로 주의사항을 당부했다.

"이것만 지키시면 이번 여행은 신혼여행보다 훨씬 즐겁고 재미있는 여행이 될 겁니다. 호기심 천국 님, 서핑할 때 절대 나무늘보를 데리고 들어가면 안 됩니다. 파도 속에서 자려다가 익사합니다. 나무늘보를 서핑하는 것이 잘 보이는 이층 테라스 카페에 데려가 검은 선글라스를 끼우고 아이스 아메리카노를 마시며 흔들의자에 흔들흔들 앉아 있게 하세요.

그리고 나무늘보 님, 카페에서 아이스 아메리카노 마시며 자다가 졸다가를 반복하시다가 호기심 천국 님이 올 때가 되면 슬며시 눈을 뜨세요. 자리에서 일어나 기립 박수를 치며 서핑하는 거 잘 타더라고 잘 봤다고 말하세요. 아셨죠?"

두 사람 눈이 안도와 기쁨으로 반짝였다. 여행을 다녀오고 나무늘보, 호기심 천국 부부가 상담실을 다시 찾았다. 두 사람은 나를 보자마자 말했다.

"저희 껴안고 울었어요."

또 한 번 나는 깜짝 놀라 이유를 물었다.

"여행 가서 이렇게 한 번도 안 싸우고 지낸 적이 없어서요. 정말 너무 편하고 행복했어요."

곁에서 남편도 거들었다.

"진짜예요. 아내를 호기심 천국이라 생각하니까 모든 게 이해되는 거예요. 다음에 어떻게 말하고 행동할 건지도요. 아내도 저를 이해해 줬어요. 이전 같으면 같이 바다에 가자고 요가를 배우자고 졸랐을 텐데, 이번엔 전혀 그런 게 없었어요.

오히려 선생님 말씀처럼 바닷가 카페에 저보고 있으라며 아이스 아메리카노를 주고 가더라니까요. 정말 기적이었어요. 이렇게 안 싸우고 즐겁게 여행할 수 있구나 싶어서 눈물이 나더라고요."

활짝 웃는 부부를 보며 생각했다. 그래, 지옥에서 천국으로 나온 거구나.

서로의 행동을 문제라고 생각하는 순간 우리는 지옥에서 살게 된다. 하지만 서로의 행동을 문제로 여기지 않는 순간 천국에서 살기 시작한다. 나무늘보와 호기심 천국이라는 별칭이 생기기 전 두 사람은 서로 원수였다. '왜 잠만 자려는 거지?' 호기심 천국은 나무늘보에게 틀렸다고 하루빨리 호기심 천국이 되라고 요구하고 잔소리했다. '왜 돌아다니려고만 하지?' 나무늘보는 호기심 천국에게 틀렸다고 어서 나무늘보가 되라고 호기심 천국의 요구에 반박했다. 그러다가 나무늘보는 나무늘보라 그런 것이고, 호기심 천국은 호기심 천국이라 그런 것이라는 것을 별칭을 통해 받아들이자 기적처럼 이해와 수용하는 마음이 생겼다. 이후 두 사람은 별칭을 줄여 늘보와 기심이라 서로를 불렀다. 일상에서 생기는 문제도 늘보와 기심으로 귀결되었다. 상담이 거듭될수록 두 사람은 새로 결혼한 기분이라고 놀라워했다.

오십이 넘으면서 점점 중요하게 다가오는 것이 부부 관계다. 서서히 자녀들이 독립하고 오롯이 남는 사람은 배우자뿐이기 때문이다. 그래서 부부 관계가 가장 좋아야 하는 때는 오십 이후다. 그러려면 오해하지 않도록 서로의 마음을 잘 알고 이해하고 있어야 한다. 마음을 안다는 건 이 사람이 무엇을 좋아하고 싫어하며 무엇을 소중하게 여기는지를 아는 것이다. 그걸 잊어버리지 않도록 늘보와 기심 부부처럼 애칭을 붙인다면 금상첨화다. 서로의 애칭 속에 상대가 좋아하는 것과 소중하게 여기는 것을 담을 수 있다면 일상생활에서 늘 상대의 마음을 헤아릴 수 있고, 그런 애칭을 불러주는 상대에게 고마움을 느끼니 부부 사이가 좋아질 수밖에 없다. 애칭을 통해 서로를 존중하는 사랑을 한다면 오십 이후 부부 생활은 더 반짝이지 않을까.

혼자 있어도
외롭지 않은 사람들의 비밀

촉망받는 과학자에서 수도자의 길을 걷게 된 분을 만난 적이 있다. 물리학 박사 학위를 받고 나로호 발사에 기여하면서 명성이 쌓이고 있던 어느 날 그는 우연히 연극 한 편을 보았다. 「단지 15분」이라는 연극이었는데 극 중 주인공은 몸이 이상해 병원에 갔다가 '15분 후에 죽습니다.'라는 청천벽력 같은 진단을 받는다. 병원 문을 나서는 주인공에게 전화 한 통이온다. 재산상속을 해줄 테니 얼른 서명을 하러 오라는 할머니의 전화였다. 15분 뒤에 죽는데 유산이 다 무슨 소용이란 말인가.

잠시 후 구애하던 여자로부터 전화가 온다. 당신의 청혼을 받아들일 테니 얼른 오라고 했다. 15분 후에 죽는데 결혼이 무슨 소용인가. 이어 세계적 과학 학술지에서 전화가 온다. 당신의 논문 게재가 확정되었으니 어서 게재료를 내란다. 그게 다 이제 무슨 소용이람. 남자는 15분 앞에서 세상의 모든 욕망이 의미가 없음을 깨닫고 오열한다. 중요한 건 따로 있었다. '남은 15분을 어떻게 살 것인가?'였다. 연극은 그렇게 끝이 났다.

연극의 어느 부분은 그의 실제 이야기였다. 안정적인 유산을 물려받을 것도, 사랑하는 여인이랑 막 약혼식을 끝낸 것도, 과학지에 학술논문 게재를 기다리는 것도, 미국 유학을 앞두고 있는 것까지도. 그런데 삶이 15분만 남았다면 이 모든 것이 무슨 소용이란 말인가. 15분이 15일로, 15년으로 확대된다 해도 본질은 달라지지 않았다. 삶을 충실하게 살아야 했다. 가장 중요한 그것을 찾아내야 했다. 남들이 좋다는 삶을 살기 위해 발버둥쳤던 지난날들이 떠오르면서 눈물이 쏟아졌다. 한번 나온 눈물은 멈추지 않고 두 시간 넘는 오열로 이어졌다. 진짜 나로 살기 위해, 정말 중요한 것을 삶에 실현하기 위해 그는 수도회를 찾았다. 부와 명예와 이성 대신 깊은 진리와 영적인 삶을 사는 수도자의 길을 가게 되었다.

"수사님, 수도자의 길을 가시니 무엇이 가장 좋으세요?"

"공허하지 않아요."

그의 답변에 공갈빵이 떠올랐다. 공갈빵은 겉은 부풀어져 큰데 속은 텅 비어 있어 공허함이 무엇인지를 보여준다. 내가 나다워지고 나날이 나다움을 추구할 때 공허함은 사라진다. 공허하지 않으면 사는 게 외롭지 않다. 외롭지 않으면 나 이외의 다른 사람에게 의지하지 않는다. 사람은 혼자 왔다가 혼자 살다가 혼자 떠나는 외로운 존재다. 그런 존재가 경험하는 외로움은 필연적이지만 어떻게 하느냐에 따라 외로움은 괴로움이 될 수도, 즐거움이나 충만함이 될 수도 있다.

상담실에 사람과 사람 사이의 문제로 찾아오는 경우를 보면 한쪽이 외로움을 호소하거나 서로가 모두 외로움을 호소했다. 이때 외로움은 내 속에 내가 없어 상대에게 의존하는 불안정한 감정이다. 의존하는 본인은 외로움에 힘들고 그런 의존의 대상이 되는 사람은 부담감에 괴롭다. 이런 관계를 개선하려면 각자 외로움을 즐길 수 있는 사람이 되어야 한다.

주변에 외로움을 즐기는 사람을 만나기란 쉽지 않다. 내 속에 내가 단단하게 들어 있는 사람이 많지 않아서다. 혼자 있으면서 즐거운 사람을 딱 한 명 만났다. 외딴섬 암자에서 10년 넘게 혼자 사는 스님이었다. 살아 있는 것은 진돗개 한 마리가 전부였고 찾아오는 사람은 없었다. 그러나 스님 얼굴에서 외로움을 찾을 수 없었다. 오히려 금방 잔치를 다녀온 사람처럼 싱글벙글 웃고 있었다. 일상은 단순했다. 새벽 예불을 보고, 진돗개와 바닷가를 산책하고 참선하고 저녁 일찍 잠자리에 드는 일상이 10년 넘도록 이어지고 있었다. 스님은 하루하루가 즐겁고, 사는 게 행복하다고 했다.

나는 외로움을 새롭게 이해했다. 혼자 있을 수 있다면 외로움은 더 이상 문제가 되지 않는다. 혼자 있을 수 없는 이들에게 외로움은 괴로운 문제가 된다. 스님이 혼자 있을 수 있는 이유는 간단하다. 혼자 있는 것이 즐겁기 때문이다.

무엇이 혼자 있는 것을 즐겁게 할까. 그건 자기를 좋아하고 자기에 대해 궁금해하면 된다. 자기 자신은 평생 그 속을 들여다보아도 질리지 않는 유일한 존재다. 나에 대해서는 수많은 질문과 답이 가능하다. '나는 무엇을 좋아하는가.'라는 질문만 놓고 보더라도 정말 많은 답이 떠오른다. 거기에 '정말 좋아하는 것이 무엇인가.'라는 질문을 더하면 갑자기 진지해진다. 그리고 '정말 좋아하는 것이 정말 중요한 것인가.'를 묻게 되면 나에게 깊이 들어가게 된다. 그런 질문 하나가 과학자를 수도자로 만든 것처럼 한 사람의 인생을 송두리째 바꿔놓기도 한다.

오십이 넘어 인생의 오후쯤 되면 좋은 사람을 만나고 싶어진다. 여기서 좋은 사람이란 공허하지 않은 사람이다. 스스로 자신이 누구인지 알고 무엇을 원하는지를 알기에 외로움을 즐긴다. 자기 속이 단단한 호두처럼 야무진 사람이다. 혼자 있어도 외로워하지 않고 같이 있어도 어색해하지 않는다. 그런 사람이 부부라면, 친구라면, 직장 상사와 부하라면, 학교 교수와 학생이라면 건강한 관계다.

내가 외로움에 의연할 때 혼자여도 좋고 둘일 때도 좋은 사람일 수 있다. 관계를 잘한다는 것은 다른 사람과 잘 지낸다는 의미가 아니라 내 속의 나와 내가 사이좋게 지낸다는 의미다. 관계의 으뜸은 나와 나의 관계다.

감당할 수 없는 짐을
내려놓고 나서야
깨달은 것들

세 번이나 결혼한 그는 공사 현장을 다니며 어렵게 살아가고 있었다. 앞선 두 번의 결혼에서 자식을 둘 얻었는데, 한 명은 사고를 치며 경찰서를 수시로 들락거렸고 한 명은 정신 질환을 앓고 있었다. 지금 살고 있는 세 번째 아내 몰래 자식 둘의 사고 뒷수습 비용과 병원비를 대고 있었는데, 어느 날 아내에게 이 사실을 들켜 큰 싸움이 일어났고 가정폭력을 일으켜 집단상담에 참여하게 되었다.

그의 어머니는 치매를 앓고 있었는데 장남으로서 어머니를 모셔야 한다고 생각해 같이 살고 있었다. 세 번째 부인이 결혼 전 낳은 두 아이와도 같이 살고 있었다. 많지 않은 수입은 치매 어머니, 전처 사이에서 난 두 아들의 뒤치다꺼리, 지금 함께 사는 두 아이의 교육비로 다 들어가고 남는 것이 없었다. 사정을 듣고 그에게 물었다.

"그 많은 가족을 혼자 감당하실 수 있어요?"

그가 헛웃음을 지으며 대답했다.

"아이고, 당연히 힘들지요. 그런데 어쩝니까?"

상담실 벽 책꽂이의 두꺼운 법전들이 눈에 들어왔다. 나는 그에게 앞으로 나오라고 했다.

"앞으로나란히를 해주실 수 있나요?"

의아해하며 앞으로나란히를 한 그의 양팔 위에 법전 한 권을 얹었다.

"이건 치매에 걸린 어머니예요."

그가 고개를 끄덕였다. 한 권을 더 얹으며 나는 말했다.

"이건 지금 같이 사는 애들 둘이에요."

세 번째 법전을 얹으며 이건 정신병 앓는 아들, 네 번째는 사고 치는 아들, 다섯 번째는 아내라고 말했다. 그의 양팔이 밑으로 내려가기 시작했다.

"무거우시죠?"

"예!"

"뭘 빼실래요?"

"뺄 게 없습니다."

"계속 들고 계실래요?"

"무겁습니다!"

"뭘 빼실래요?"

"뺄 게 없습니다!"

"그럼 계속 들고 계세요."

그의 팔이 부르르 경련을 일으키더니 법전들이 바닥으로 한꺼번에 와르르 쏟아졌다. 그의 마음도 무너졌다. 눈물 콧물이 범벅 되어 울기 시작했다.

"뺄 게 없다고요!"

그는 통곡했다. 지켜보던 사람들의 한숨 소리가 방 안에 가득했다. 그날 이후 그는 말이 없어졌다. 다른 사람들이 하는 말을 듣지 못했다. 귀로는 들어도 마음으로는 자기 문제로 깊이 들어가 있는 듯 멍한 표정이었다. 매주 한 번씩 열리는 상담이 3주 정도 지나자 그가 할 말이 있다고 했다.

"뺏습니다, 하나를."

모두 와아 하고 박수를 보냈다.

"이제 팔이 좀 덜 아프겠네요."

누군가의 말에 모두 함께 웃었다.

"제일 먼저 사고 치는 아들을 뺐습니다. 하나를 더 빼려고 하는데 그건 빼고 나서 말하겠습니다. 그때 팔에 올리신 두꺼운 책이 저를 살렸습니다."

"돈이 남았을 텐데 뭘 하셨습니까?"

"빵 안 사 먹고 라면 안 끓여 먹고 돼지국밥 사 먹었습니다."

처음으로 껄껄 웃으며 그가 답하자 다른 참가자가 가세했다.

"한 권 더 빼면 돼지국밥이 소고기국밥으로 변하겠구먼."

가족을 떠안느라 자기 삶이 없는 이들이 있다. 가족에 대한 의무와 책임만 있을 뿐 자유와 즐거움이 없다. 그리고 그것이 당연한 도리라 생각하며 산다. '그럼 어쩝니까?' 이 한 문장이 지닌 책임의 무게는 바윗돌보다 무거웠다. 자신은 사라지고 책임만 남은 삶은 스스로를 갉아먹고 건강을 해치고 있었지만 자신은 그 상황을 모르고 있었다. 두꺼운 법전에 팔이 내리눌리고 나서야 자신의 처지가 어떤지 처음으로 깨달았다. 조금 더 늦게 깨달았다면 돌이키기에 악화된 건강이 기다리고 있었을지도 모른다.

그가 다음으로 무엇을 뺄지는 끝내 듣지 못했다. 아마 두

번째 대상을 두고 아주 많은 고민과 결단 사이를 시계추처럼
오갔을 것이다. 그래도 괜찮았다. 하나를 덜어냈고 두 번째도
도전하고 있었으니까.

사람은 자기가 감당할 만한 짐을 져야 몸이 상하지 않는다.
감당할 수 없이 버거운 짐을 지면 병이 생긴다. 마음의 짐도
마찬가지다. 감당할 수 없는 버거운 짐은 마음의 깊은 병이 된
다. 누가 시키지 않았지만 등이 휘어져라 가족의 짐을 지고 있
던 그는 스스로 짐을 내리기 시작했다. 내가 먼저 건강해지는
것이 모두를 건강하게 하는 첫 번째 조건이라는 걸 깨달았다.
지금도 어쩌다 책장에 꽂혀 있는 법전을 볼 때면 그가 떠오
른다. 지금도 많은 이들이 '그럼 어쩝니까?'를 되뇌며 버거운
짐을 지고 터덜터덜 먼 인생길을 가고 있을 것이다. 나는 묻는
다. '그럼 계속 들고 있으실래요?'

인생의 어려움을 대하는 태도
"풍선을 세 개나 다셨네요."

'너니까 견디는 거야. 우리니까 해내는 거야.'

코로나로 힘든 시기, 명동에 있는 가톨릭 평화방송 옥외광고판에 내가 재능 기부한 두 문장이 실렸다.

살다 보면 코로나뿐만 아니라 크고 작은 어려움이 생긴다. 그럴 때 나는 '나니까 견디는 거고, 나니까 해낸다.' 하고 생각한다. 사람들은 스스로 그 사실을 잘 모른다.

전화로 상담해 주는 라디오 코너에 상담자로 출연했을 때 만난 사연이다. 중년 어머니는 삼 남매를 혼자 키우며 봉제 공장에서 인형 만드는 일을 하고 있었다. 그런데 코로나로 경기가 어려워지면서 인력을 줄여 공장에서 모든 일을 떠맡게 되었다. 분업으로 인형을 만들다가 혼자 하려니 완성도가 떨어져 소비자로부터 불평이 오고, 주문도 줄어들고 있었다. 스트레스가 크고 우울감도 심하다며 울먹이는 소리를 들으니 진행하던 아나운서도 나도 우울해졌다. 우리가 인형을 대량으로 사줄 수도 없었다. 어머니의 울음이 잦아들 무렵 나는 어머니에게 이렇게 물었다.

"어머님, 제가 퀴즈 하나 낼게요. 만약에요. 누가 바다에 빠졌다면 발에 돌을 다는 게 좋을까요, 손에 풍선을 다는 게 좋을까요?"

"아무래도 풍선을 다는 게 낫지 않겠습니까?"

"그럼 풍선을 하나 다는 게 나을까요, 여러 개 다는 게 나을까요?"

"여러 개 다는 게 낫겠지요."

"맞아요. 어머님, 축하합니다. 지금 풍선을 세 개 다셨네요."

"네?"

"고3 아들 풍선, 중2 아들 풍선 그리고 초등학교 2학년 딸까지 풍선을 세 개나 달고 계시네요."

"아, 그러네요."

"이 풍선은 작아지거나 터지지도 않는 풍선이에요."

"맞아요. 일에 지쳐서 집에 들어가도 아이들을 보면 웃어요. '엄마' 하면서 막내가 안길 때는 정말 좋습니다."

"그러니까요. 힘든 일 마치고 집에 들어가도 품에 안기는 막내딸 없는 집이 얼마나 많은데요. 막내딸이 있으니 얼마나 좋아요. 풍선 중에 제일 큰 풍선이지요."

방송을 진행하던 아나운서도 환하게 웃으며 물개 박수를 쳤다.

"어머님, 지금 교수님의 이야기 들으니까 어떠세요?"

"생각하지도 못한 이야기를 들으니 마음이 많이 가벼워지네요. 일이 힘든 것만 생각하고 우울했는데 애들이 힘이 되는 생각은 미처 못 했어요."

살다가 어려운 문제에 처하면 어려움에 매몰되어 자기에게 있는 힘이나 자원을 보지 못한다. 나에게 없는 것을 끌어다 그 문제를 해결하려면 시간도 더디 걸리고 자신감도 떨어진다. 가장 빨리 문제를 해결할 수 있는 방법은 아주 작은 것이라도 내가 가진 것으로 해결하는 것이다. 그러려면 스스로에게 이렇게 물어야 한다.

'이 문제를 바닷속으로 끌고 들어갈 것인가. 하늘 위로 끌어 올릴 것인가?'

사연을 보낸 삼 남매의 어머니는 문제를 바닷속으로 끌고 가려고 했다. 그런 이에게 하늘 위로 오를 수 있다는 작은 희망을 불어넣었다. 그녀가 울먹이다가 웃을 수 있게 된 데는 나에게도 힘이 되어주는 아이들이 셋이나 있구나, 이 아이들을 보면서 힘을 내서 하나씩 난관을 헤쳐나가야겠다는 마음의 변화가 있었기 때문이다.

오십이 넘어야 철이 든다는 말을 들은 적이 있다. 철이 든다는 말을 글자 그대로 해석하면, 봄이 오면 봄인 줄 알고 겨울이 오면 겨울인 줄 안다는 뜻이다. 즉 현실을 왜곡하지 않고 있는 그대로 바라본다는 의미다. 현실을 제대로 바라보는 나이가 오십이다. 현실은 어떤 방향에서 보느냐에 따라 그 모습이 다르다.

사연을 보낸 어머니의 현실 또한 일을 바라볼 때는 스트레스로 다가오지만 아이 셋을 바라볼 때는 풍선 세 개로 다가선다. 결국 현실을 어디에 초점을 두고 바라보느냐에 따라 오십 이후 삶의 질이 달라진다. 일에 초점을 두어 내 발목에 돌을 묶을 것인가, 아이들에 초점을 두어 내 손에 풍선을 달 것인가. 살다가 가끔 힘들 때 나는 나에게 물어본다. 나는 지금 돌을 묶으려 하는가. 풍선을 묶으려 하는가. 그런 풍선은 몇 개인가.

잘 울어야
잘 웃을 수 있는 이유

"점심 드시지 말고 기다리세요."

10년째 나에게 집단상담을 받고 있던 햇빛 님이 들뜬 목소리로 전화를 걸어왔다. 그는 어린 시절 부모의 폭력을 견디다 못해 가출했고 온갖 일을 다 하면서도 가난을 벗어나지 못했다. 어른이 되어 가정을 이뤘으나 이혼하고 어린 남매 둘을 혼자 키우고 있는데 직장도 잘 구해지지 않아 어려움을 겪고 있었다. 오래전부터 우울증을 앓았고 여러 차례 자살 시도를 해서 아동보호 전문 기관을 통해서 무료로 상담을 받고 있었다.

"아니, 무슨 좋은 일이 있어? 어디 직장이라도 구했어?"

그러자 햇빛 님은 들뜬 목소리로 말했다.

"아니요. 그거보다 더 좋은 일이에요. 제가 점심 사드릴게요."

연구실로 싱글거리며 들어온 햇빛은 앉자마자 이야기를
시작했다.

"너무 좋은 일이 있어서 왔어요."

"그래, 그게 뭔데?"

"저, 슬프면 울어요."

"응?"

"그리고 기쁘면 웃어요."

잠시 정적이 흘렀다. 순간 속에서 울컥한 무언가가 올라왔다.

"교수님, 태어나서 처음이에요. 저는요, 슬퍼도 눈물이 안
나왔어요. 기뻐도 웃음이 안 나오고요. 평생 그렇게 살았지요."

"아….."

"그런데 요즘 슬프면 눈물이 나는 거예요. 그리고 기분이
좋으면 웃어요. 벌써 이런 지 두 달이 넘었어요. 그런데 자꾸
교수님 생각이 나는 거예요. 그래서 밥을 사드려야 되겠다 싶
어 오늘 왔어요."

나는 올라오는 눈물을 참으며 물었다.

"야, 얼마나 가지고 왔냐?"

"2만 원이요."

"일단 나가자."

학교 앞 삼겹살집에 앉아 소주잔을 기울였다.

"제가 교수님에게 집단상담을 10년 동안 받았잖아요. 개인상담은 더 오래 받았거든요. 그동안 몇 번이나 받았는지 물어봐 주세요."

"그래. 개인상담을 몇 번이나 받았어?"

"500번이 넘어요."

"진짜? 500번이 넘는다고?"

"네. 상담해 준 교수님들만 다섯 분이 넘어요. 상담받은 횟수로 기네스북에도 올라갈 수 있지 않을까요?"

"어떻게 그렇게 많이 받았어?"

"안 그러면 죽을 것 같았거든요."

순간 젓가락으로 집어 든 삼겹살을 먹을 수 없었다. '죽을 것 같았거든요.'라는 말이 걸려 목젖이 파르르 떨렸다. 500번 넘게 개인상담을 하고 10년간 꼬박꼬박 같은 사람들과 집단상담까지 받은 후에야 그는 눈물을 흘릴 수 있게 되었고 웃음을 지을 수 있게 되었다. 사람이 변하는 속도가 이렇게 느리고 변하는 정도가 이렇게 적다. 전율이 일었다. 지금까지 사람은 언제든 변할 수 있다고 믿고, 크게 바뀔 수 있다고 믿었던 나는 그날 이후 겸손해졌다. 이제는 사람의 변화에 대한 기대가 눈에 띄게 낮아졌으며 작은 변화에도 크게 감탄하며 상담에 임한다.

누구나 감정을 잘 느끼고 표현할 것 같지만 그렇지 않다. 감정을 표현하는 편이 삶에 방해가 되면 의식적으로 감정을 억압한다. 언제든 처형될 수 있는 환경에 놓여 있었던 아우슈비츠 포로수용소 포로들에게 가장 먼저 사라진 것은 감정이었다. 나치가 포로를 대하는 방식에 불만을 품고 화를 내면 총살을 당하거나 가스실로 갈 수 있기에 감정은 생존에 방해가 되었다. 그 결과 포로들은 어떤 일에도 감정이 생기지 않는 감정 불감증 인간이 되었다.

어린 시절 무서운 부모 밑에서 자란 햇빛 님과 같은 사람들도 아우슈비츠 포로와 비슷한 경험을 겪는다. 무서운 부모 앞에서 화를 내거나 슬퍼했더니 더 무서운 일을 당한 경험이 있었다. 무서워도 무섭지 않은 척해야 하고 슬퍼도 멀쩡한 척해야 한다. 그것이 오래 지속되면 무감각한 사람이 된다. 어떤 자극에도 기뻐하거나 슬퍼하지 않는다. 햇빛 님이 40년 이상 그런 세월을 보냈기에 슬퍼서 눈물이 나는 것은 그의 말처럼 '이제야 보통 사람이 된 것 같은' 기적이다. 기뻐서 웃음이 나는 것도 똑같은 기적이다.

잘 울어야 잘 웃을 수 있다. 살다 보면 작은 기쁨을 표현하기에는 웃음이 적절하지만, 큰 기쁨을 표현하는 데는 '기쁨의 눈물을 흘렸다'는 표현처럼 눈물이 적절하다. 올림픽에서 금메달을 따면 웃는 선수보다 우는 선수가 많은 까닭도 벅찬 감정처럼 큰 감정의 표현 방식은 웃음이 아니라 눈물이 적합해서다. 눈물은 큰 감정일 뿐만 아니라 가장 솔직한 감정이다. 태어나면서 가장 먼저 보이는 것도 눈물이다. 다른 사람이 잘못해서 사과를 할 때 눈물을 흘려야 진정성 있는 사과를 받았다는 생각이 든다. 눈물을 편하게 흘릴 수 없으면 다른 작고 소소한 감정들도 표현할 수 없다. 눈물이 사라지면 웃음도 사라지고 그 자리를 처세를 위한 가짜 웃음이 대체한다. 싫어도 좋은 척 힘들어도 괜찮은 척 웃는다.

눈물은 감정을 회복시키는 명약이다. 중국 난징에는 마음껏 눈물을 흘릴 수 있는 '눈물 방'이 있다고 한다. 시간당 만원 정도 요금을 내면 어두운 방에서 마음껏 울 수 있다. 일본의 한 호텔에서는 손님이 마음껏 울다 갈 수 있는 '눈물 객실' 을 운영했다. 우리나라에도 『울어야 삽니다』를 쓴 암 전문의 이병욱 박사는 암 환자에게 울어야 산다고 말한다. 가슴속에 맺힌 슬픔과 한을 눈물에 담아 펑펑 쏟아내야 몸 안의 독소가 배출돼 건강하게 살 수 있다는 것이다.

이렇게 눈물을 중요하게 여기는 이유는 눈물을 통해 인간 은 자신의 진짜 감정을 만나고 표현할 수 있기 때문이다. 감정 은 인간을 가장 인간답게 만드는 요소다. 눈물로 감정을 살릴 때 감정도 우리 몸과 마음을 살려낸다. 잘 울어야 잘 웃을 수 있다.

"내가 틀릴 수도 있습니다."
어른과 꼰대의 차이

"아니, 상담받으러 장인이 와야지, 왜 제가 옵니까?"

몇 해 전 대통령 탄핵을 놓고 탄핵을 지지하는 촛불집회 참가자와 탄핵을 반대하는 태극기 부대가 대립하던 때가 있었다. 어느 집 장인과 사위 사이에 싸움이 일어났는데 발단은 사위가 촛불집회, 장인이 태극기 부대 집회 참가자인 데서 시작됐다. 일이 터진 그날, 태극기 부대 행사에 참석하고 집으로 돌아온 장인이 저녁에 촛불집회를 나가려던 사위를 향해 나라에 아무 도움도 안 되는 쓸데없는 짓을 한다고 비난했다. 발끈한 사위는 장인어른이야말로 한심한 짓 좀 그만하시라고 반박했다. 휘발유에 불이 붙은 것처럼 장인과 사위 사이에 팽팽한 긴장감이 감돌았다. 급기야 점점 목소리가 커지면서 감정싸움이 말싸움으로, 말싸움이 주먹다짐이 오가는 몸싸움으로 싸움이 커졌다. 곁에서 보다 못한 딸이 경찰에 신고해 경찰이 출동하고서야 싸움이 멈추었다. 결국 사위는 장인을 밀친 가정폭력 가해자가 되어 법원까지 가서 상담 처분명령을 받았다.

상담을 시작한 첫날 사위는 격앙된 목소리로 장인이 와서 정신 개조를 해야지 왜 내가 이런 상담을 받아야 하느냐고 항변했다. 사위는 태극기 부대는 제정신이 아니라고 목소리를 높였다. 이 이야기를 듣고 누가 맞고 틀리고를 떠나 사위와 장인이 똑같은 사람이라는 생각이 들었다. 두 사람 모두 내 생각이 백 퍼센트 옳고, 상대는 백 퍼센트 틀렸다고 생각하기 때문이다.

꼰대는 나이가 많고 적고를 떠나 자기 이야기만 하고 남 이야기는 듣지 않는 사람, 입은 있는데 귀는 없는 사람의 다른 이름이다. 꼰대가 다른 사람 말을 들으려 하지 않는 이유는 간단하다. 들을 필요가 없기 때문이다. 자기 생각이 완전무결하다고 생각하는 것이다. 그러나 이 세상에 완벽한 생각도, 존재도 없는 걸 생각하면 자기만 옳다고 생각하는 꼰대는 어리석은 사람이다.

어리석다는 영어 단어인 'stupid'를 사전에서 찾아보면 듣지 않는다는 뜻이 있다. 어리석은 사람은 남의 소리를 듣지 않고, 자연의 소리를 듣지 않고, 세상의 소리를 듣지 않고, 진리의 소리를 듣지 않는다. 꼰대는 남의 생각과 느낌에 관심이 없고 궁금해하지 않으며 귀를 닫아버린다.

꼰대에서 벗어나려면 두 가지 조건이 필요하다. 하나는 나도 틀릴 수 있다는 생각과 다른 하나는 남의 생각을 궁금해하는 마음이다. 두 조건은 쌍둥이와 같아서 내가 틀릴 수 있다는 생각이 들어야 다른 사람 생각이 궁금해진다.

집에서 꼰대라는 소리를 아내나 아들로부터 듣고 싶지 않아 내가 쓰는 방법이 있다. 그들의 생각이 내 생각과 다르면 일단 침을 꿀꺽 삼킨 후 이렇게 묻는다.

"구체적으로 얘기해 줄 수 있어?"

아내와 아들은 그 질문을 기다렸다는 듯이 자기의 생각과 느낌을 이야기한다. 이럴 때 중간에 끼어들거나 반박하지 않는 것이 중요하다. 중간에 끼어들면 내가 물어본 의도가 결국 내 말을 하려고 한 것이라는 느낌을 주기 때문에 하려던 말을 멈춘다. 이미 답이 정해져 있는데 굳이 자기 생각을 말하려 하겠는가. 끼어들거나 반박하지 않고 끝끼지 듣다 보면 어느 포인트에서 고개가 끄덕여진다. 우리나라 속담에 '부엌에 가면 며느리 말이 맞고 안방에 가면 시어머니 말이 맞다.'는 말이 지혜롭다고 생각하는 건 이 때문이다. 그들의 말을 가만히 듣다 보면 나도 이해가 되고 수긍되는 부분이 있다. 그때 가만히 고개를 끄덕이거나 알아들었다는 눈빛을 보낸다. 그러면 하고 싶은 말을 끝까지 한다. 여기에 추가해서 한 가지 질문을 더한다.

"더 할 말은 없니?"

이왕 시작한 말이라면 남김없이 다 해보라는 나의 배려다. 말이 이어진다면 평소 할 말이 쌓여 있던 사안이었음이 틀림없다. 다행히 지금까지 아내나 아들이 더 이야기를 한 적은 거의 없다. 자기 할 말을 끝낸 아내나 아들의 표정에 시원함과 후련함이 교차하면 비로소 나는 이렇게 말한다.

"내 생각을 이야기해도 될까?"

아내나 아들은 흔쾌히 그러라고 한다. 자기 속이 다 비었으니 비로소 남편이나 아빠의 이야기도 듣고 싶어지는 것이다.

그렇게 내 이야기를 다 하고 나면 나도 속이 시원하다. 서로의 생각을 이렇게 드러내면 마음이 이해된다. 이제 남은 것은 양보할 걸 양보하고 얻을 걸 얻는 과정이다. 이런 과정으로 대화하면 서로 억울한 마음이 없다. 억울한 마음은 누군가 내 이야기를 제대로 들어주지 않았을 때 생기는 마음의 앙금이다.

다시 사위와 장인어른의 갈등 이야기로 돌아오면 꼰대의 반대편에 있는 사람이 어른이다. 어른이 꼰대와 다른 점은 남의 말을 듣는다는 것이다. 만약 장인어른이 "그래, 오늘은 자네 생각을 한번 들어보지."라고 했다면 그날 그런 사달이 났을까. 반대로 사위가 "오늘은 장인어른 생각을 듣고 싶습니다."라고 말했다면 어땠을까. 맥주잔을 기울이며 나라를 걱정하는 서로의 마음을 나눌 수 있지 않았을까. 각자 존중해 주자며 건배할 수 있지 않았을까. 그것이 꼰대 장인, 꼰대 사위를 벗어나 어른 장인, 어른 사위가 될 수 있는 방법이었을 것이다.

모든 대인 관계의 갈등과 다툼은 결국 그와 내가 얼마나 어른인가에 따라 판가름이 난다. 내가 틀릴 수 있다는 가능성을 인정하고 상대 말을 궁금해하느냐 하지 않느냐에 따라 갈등과 싸움은 서로를 죽이는 참극으로 변하기도 하고 비 온 뒤 땅

이 굳는 것처럼 아름다운 인연으로 발전하기도 한다.

나이가 들면 딱딱한 이가 빠지고 부드러운 혀와 잇몸만 남는다. 나만 옳다는 완고하고 경직된 마음을 벗고 내가 틀릴 수도 있다는 자유롭고 유연한 마음을 가지라는 뜻이다. 진정한 어른은 내가 틀릴 수 있다고 생각하는 사람이다.

한 사람 안에
모든 사람이 있다

"저는 러시아 사람입니다."

나는 가정폭력 상담소에서 의뢰받아 집단상담을 오랫동안 진행하고 있는데, 어느 해에 한국에 온 지 10년 정도 되었다는 러시아 남자가 집단상담에 참여했다. 그는 우리말로 농담까지 할 정도로 한국말이 유창했는데 외국인이 집단상담에 오는 경우는 드물어서 다른 참가자들은 그가 하는 이야기에 귀를 기울였다. 참가한 한국 남편들을 가장 놀라게 한 것은 러시아에서는 아직도 남자가 네다섯 명의 아내를 둘 수 있다는 이야기였다. 유독 부럽다는 말을 연발하던 한 참가자가 호기심이 가득한 얼굴로 러시아 남자에게 물었다.

"러시아에 있을 때 몇 명과 결혼했어요?"

러시아 남자가 웃으며 대답했다.

"아저씨, 아저씨는 지금 한 사람도 힘들지 않으세요?"

모두 박장대소하며 폭소가 터졌다.

그때 한 남자가 뒷머리를 긁적이며 자기 이야기를 털어놓았다.

"나는 러시아 사람도 아닌데 아내를 다섯이나 둬봤어요."

일제히 이 남자에게 관심이 쏠렸다. 남자는 지금 다섯 번째 아내와 살고 있다고 했다. 한 명도 힘든데 어떻게 다섯 명과 결혼했느냐, 왜 그렇게 많이 결혼했냐는 질문이 쏟아지자 남자는 씁쓸한 표정으로 말했다.

"다 다른 줄 알고 그랬죠. 다른 여자랑 결혼하면 달라질 줄 알았어요. 그런데 살아보니 상대방이 저에게 원하는 건 다 똑같았어요."

"그게 뭐예요?"

"자기 마음을 알아주고 자기만 사랑해 달라는 거죠."

"그럼 그걸 해주지 그랬어요?"

"그때 알았겠습니까. 지나고 나니 이제야 안 거죠."

다섯 명의 여자가 이 남자를 떠난 이유는 그게 안 되어서였다. 마음만 알아줘서도 안 되었고 사랑만 해줘도 안 되었다. 두 가지를 같이 해야 했다.

"처음에는 여자가 문제라고 생각해서 다른 여자와 살면 잘 살 수 있을 거라고 생각했어요. 그런데 겪는 문제는 똑같더라고요. 곰곰이 생각해 보니 정말 인정하고 싶지 않았지만 내가 문제였어요. 인정하고 사랑해 주지 않은 거죠."

첫 아내에게 가장 미안한 마음이 들었다. 진작 이런 사실을 깨달았다면 자신도 상대방도 숱한 세월을 고생하지 않았을 텐데 하고 후회하고 있었다.

사람은 누구나 사랑받고 싶어 한다. 나아가 누구나 자기가 열심히 노력한 것을 인정받고 싶어 한다. 반대로 누구나 미움받는 걸 싫어한다. 애써 노력한 것을 무시당하면 싫어한다. 이런 속성을 알고 한 사람과 잘 지내는 사람은 여러 사람과도 잘 지낼 수 있다. 반대로 한 사람과 제대로 지내지 못하는 사람은 누구와도 제대로 지낼 수 없다.

부부 관계이든 부모와 자녀와의 관계이든 내 앞에 있는 한 사람과 잘 지내려고 노력해야 한다. 그러려면 한 사람에 대해 잘 알아야 한다. 그가 무엇을 좋아하고 싫어하는지를 아는 것이다. 거기에 그가 겪었던 아프고 기쁜 경험들 중에서 무엇을 중요하게 여기는지 알아야 한다. 그래야만 그가 좋아하는 것을 해주고 싫어하는 것을 하지 않으며 중요하게 여기는 것을 존중할 수 있다. 생각처럼 이것이 쉽지 않은 이유는 서로 좋아하고 싫어하는 것 그리고 중요하게 여기는 게 달라서다.

아무리 부부라 해도 좋아하는 것과 싫어하는 것이 조금씩은 다르며 중요하게 여기는 것이 다르다. 이것을 조정하고 조율하는 것이 여간 어렵지 않다. 러시아 남자의 한 사람도 힘들지 않느냐는 반문은 여기에서 나온 것이다.

한 사람을 제대로 알기 위해 노력하다 보면 사람을 보는 시선이 넓어지고 깊어진다. 그렇게 알게 된 한 사람에게 잘하다 보면 다른 이들에게도 어떻게 해야 할지를 자연스럽게 터득한다. 다섯 번이나 결혼하고도 한 번도 제대로 살지 못한 남편은 그동안 한 사람도 제대로 알지 못했다고 봐야 한다.

여러 사람을 만나는 것보다 더 중요한 일은 한 사람을 제대로 알고 잘해주는 것이다. 한 사람 속에 모든 사람이 있다. 한 사람에게 잘하는 사람이 모든 사람에게 잘할 수 있다.

"소주는 있었잖아요."라는
한마디

누가 나에게 30년 동안 상담하면서 가장 짜릿한 순간을 꼽으라면 산소주 님과의 만남이다. 산소주는 빨간 딸기코가 도드라진 60대 후반 아저씨로 가정폭력 집단상담 때 만났다. 집단상담에서는 참여자들을 이름 대신 별칭으로 부르는데 그는 하루도 빠지지 않고 소주를 마셔서 산소주라는 별칭이 붙었다. 그는 고아로 자랐는데 여덟 살 때부터 술을 마시기 시작해 과하게 술을 마시고 있었다. 사람들과 거의 소통이 없어서 말할 때 발음이 부정확해 알아듣기 힘들었다. 상담을 진행하는 내내 그의 말을 알아들으려고 에너지를 쓰다 보면 금방 진이

빠졌다.

열두 번 열리는 집단상담에서 네 번째 날이었다. 상담은 대학교에서 진행됐는데 복도에서 그가 누군가와 말다툼하는 소리가 들렸다. 술에 취해 있던 그가 복도를 지나가다 젊은 여교수와 부딪쳤고 다짜고짜 교수에게 욕을 했던 것이다. 교수는 사과하라고 요구했으나 그는 더 심한 욕으로 되받아치려던 참이었다. 깜짝 놀란 상담 소장이 교수를 한쪽으로 데려가 사정사정하고, 나는 얼른 그를 데리고 건물 밖으로 나왔다. 오늘은 술을 마시고 와서 상담이 안 되니 집으로 가시라 했다. 간신히 택시를 불러 돌려보내고 오니 싸움 구경을 했던 남편들이 난리가 났다. 상담할 때는 얌전하기만 하던 양반이 고래고래 소리를 지르며 온갖 욕설을 하는 걸 보고 모두 놀랐기 때문이다.

다음 상담에 그가 들어서자 다른 참여자들이 기다렸다는 듯 쓴 말들을 쏟아냈다.

"형님, 술 마시니까 완전 사람이 아니더만. 술 끊어요."

"사람이 확 바뀝디다. 그 교수님한테 몇천만 원 물어줄 뻔했다니까."

동생뻘 되는 사람들 말에 그가 고개를 숙이며 말했다.

"기억 안 나."

옆자리에 앉아 있던 나는 그런 그가 한없이 작아 보여 마음이 아팠다.

"산소주 님, 지금까지 살면서 내가 힘들고 어려울 때 내 말을 들어준 사람이 있었어요?"

그가 나를 올려다보며 고개를 저었다.

"없었어. 한 명도 없었어."

그의 이야기를 듣자 마음이 찌릿해져 나도 모르게 눈물이 나왔다. 그의 손을 잡으며 천천히 말했다.

"있었잖아요!"

그가 다시 고개를 저으며 없었다고 했다.

"소주가 있었잖아요! 머리 검은 짐승들은 다 나를 외면하고 배신해도 소주가 있었잖아요. 내 곁에서 같이 울어주고 속도 알아주고."

그가 고개를 끄덕이더니 얼굴이 벌게졌다. 이어서 내가 말했다.

"그런데 그놈 나쁜 놈 아니에요? 내 시간 주고, 돈 주고, 인생까지 다 줬는데 왜 이렇게 날 힘들게 하냐!"

그가 꿀꺽 마른침을 삼켰다. 상담실 안이 쥐 죽은 듯 조용해졌다. 시작한 지 10분도 되지 않았는데 누군가 말했다.

"아이코, 좀 쉬었다 합시다."

그와 나만 상담실에 남고 모두들 나갔다. 둘 다 말없이 허공만 바라보는데 그의 눈에서 눈물 한 방울이 주르르 흘러내렸다.

다음 상담 시간이 되었다. 그가 환한 얼굴로 상담실 문을 열고 들어와 내게 손을 내밀었다. 어리둥절하며 내민 내 손을 꼭 잡고 그가 말했다.

"내가 그놈한테 안 졌어. 일주일 동안 한 잔도 안 마셨어!"

그 순간 귀를 의심했다. 하늘이 열리는 기분이었다. 하루도 빠지지 않고 육십 평생 마시던 소주를 일주일 동안 한 잔도 마시지 않았다는 건 기적이었다. 곁에 앉았던 사람들이 박수를 쳤다. 그날 이후 상담을 마칠 때까지 8주 동안 그는 술을 한 잔도 마시지 않았다.

가끔 나는 그때 그가 술을 마시지 않은 이유를 생각하곤 한다. 그가 사는 동안 술에 대해 나쁘게 말하지 않은 사람을 만났기 때문이 아닐까. 술 마시는 것이 나쁘다는 건 무수히 들어

봤겠지만 내 마음을 위로해 준 술의 고마움을 헤아려 준 사람은 만나지 못했을 것이다. 술 그리고 내 마음을 제대로 알아주는 단 한 사람의 이야기가 마음을 움직여 술을 마시지 않도록 했을 거라고 나는 믿고 있다.

살다 보면 알게 모르게 크고 작은 실수를 저지르고 잘못을 한다. 그럴 때 비난하고 나무라는 사람은 많다. 하지만 내가 왜 그런 실수를 할 수밖에 없었고 그런 잘못을 저지르게 되었는지 온전하게 들어주고 내 마음을 헤아린 후 따뜻하게 말하는 사람을 만나는 건 쉽지 않다. 그가 평생 듣고 싶었던 한마디가 "소주가 있었잖아요."였듯이 각자 누군가에게 꼭 듣고 싶은 따스한 한마디가 있는 법이다. 그 한마디가 누군가에게 들어서 좋은 말이라면 그 누군가도 나에게 그런 말을 듣고 싶을 것이다. 나이가 들어갈수록 누군가를 나무라기보다 따스한 말 한마디를 먼저 건네는 어른이면 좋겠다.

말하는 데
돈 드나요

불화로 상담실을 찾는 부부의 대화를 관찰해 보면 대화할 때 서로를 기분 나쁘게 하는 말 습관을 가지고 있다. 좋은 말을 하는 데 돈 드는 것도 아닌데 서로에게 좋은 말을 하는 데 인색하다. 속상하게 하는 말은 어디서 배우지도 않았는데 귀신처럼 알아서 척척 한다. 그 결과 못 살겠다, 이혼하자는 지경에 이르곤 한다.

내가 평생 말에 관해 연구하고 책도 쓰고 강연까지 하면서 살게 된 것은 어느 스님의 말 한마디 덕분이었다. 서른다섯에 박사 논문을 마무리하기 위해 경기도의 어느 작은 암자에 머물렀다. 암자에 자주 오던 노스님이 한 분 있었다. 그분이 다른 스님과 다른 점이 하나 있었는데 그것은 말이었다. 공양주 보살님이 스님들의 음식을 차려주고서 맛을 물어보면 음식이 뛰어나지 않아도 노스님은 언제나 극찬했다.

"이 맛은 하늘에서 내려온 맛이라!"

노스님은 감탄을 연발했고 그 소리에 보살님은 한껏 기분이 좋아져 스님에게 물도 정성껏 드리고 차도 좋은 것으로 내오곤 했다. 나는 속으로 이 음식이 정말 그렇게 맛있단 말인가 의문이 들곤 했다.

그러던 어느 날 보살님이 잣죽을 끓여 내놓았는데 내 입맛에도 싱겁고 맛이 없었다. 죽을 입에 넣던 노스님이 한마디 했다.

"보살님, 죽이 좀 싱겁다."

"스님, 이게 다 스님 건강을 생각해서 그런 거예요."

"그래, 맞아요. 보살님 말씀이 맞아요."

보살님의 반박에 노스님은 바로 인정했다. 부엌에서 보살님이 나간 후 스님은 나에게 당신의 죽을 좀 먹으라고 했다. 나는 속으로 딱 걸렸다 싶었다.

"스님, 솔직히 죽이 맛이 없지요? 그동안 보살님이 만든 음식이 정말 맛있었던 게 아니었지요. 그런데 어떻게 스님은 늘이 맛은 하늘에서 내려온 맛이라고 말씀하셨어요?"

그러자 노스님은 빙그레 웃으시며 천천히 말씀하셨다.

"말하는 데 돈 드나요?"

나는 스님 말에 뒷머리를 꽝하고 맞은 것 같았다. 한 번도 그런 생각을 해본 적이 없었다. 말하는 데 돈이 드는 것도 아닌데 마치 비싼 돈이 드는 것처럼 그동안 얼마나 좋은 말을 아끼고 참아왔는가.

스님의 말은 짧았지만 울림이 컸다. 입을 벌린 채 멍하게 있는 나에게 스님이 일화 하나를 더 들려주었다.

"어느 보살님으로부터 식사 대접을 받았어요. 식사를 마치고 계산하러 나가는 보살님을 보고 내가 말했어요. '걸어 다니는 꽃이라!' 그 말에 가던 보살이 멈칫하더라고. 그러고는 그 일을 잊었어요. 그런데 다음 해 어느 날 그 보살님께서 큰돈을 보내셨어요."

놀라서 보살님께 전화해서 이게 무슨 돈이냐고 물었더니 그 답은 이러했단다.

"스님, 그거 걸어 다니는 꽃값이에요."

나는 노스님의 이야기를 듣고 난 후부터 누군가에게 대답하거나 말할 때마다 '말하는 데 돈 드나요?' 하고 스님이 귓가에서 속삭이는 듯했다.

바르게 말하는 법은 수도 없이 보고 배웠지만 스님처럼 좋게 말하는 법을 제대로 배우거나 본 적이 거의 없었다. 그러다 보니 나도 모르게 상대가 내 마음에 들지 않는 말이나 행동을 하면 기다렸다는 듯이 흠을 잡고 지적했다. 내 말이 틀린 게 아닌데 상대가 별로 동의하지 않는다는 것이 이해되지 않았고 그런 상대가 문제가 많다고 생각하며 살았다.

그런데 스님의 이야기를 들으면서 생각이 바뀌었다. 내 생각이 잘못된 것이 아닌데도 상대가 내 말을 받아들이지 않는다면 이건 내 생각이 틀린 게 아니라 생각을 전하는 내 말이 좋게 나가지 않았기 때문이다. 이렇게 생각하자 나의 말이 굉장히 빠르게 변하기 시작했다. 모난 말은 둥그렇게 모서리를 다듬어 말하게 되고 아픈 말은 아프지 않게 말하게 되었다.

그리고 이런 말이 쌓여 원만한 관계가 된다는 것을 알았다. 좋은 말은 좋은 관계의 재료였다. 말이 좋으면 관계도 좋을 수밖에 없고, 말이 나쁘면 관계도 나쁠 수밖에 없다. 인격이 언격이고 언격이 인격이다. 말하는 것을 보면 그 사람이 쌓아온 인격이 보인다. 평소 마음을 곱게 쓰고 살아야 나오는 말도 좋게 나온다. 그러므로 말은 기술이 아니라 인격이다.

인격을 높이려면 어떻게 하면 될까. 이 또한 생각처럼 복잡하거나 어렵지 않다. 인격을 높이려면 내 말만 하려는 충동에서 벗어나면 된다. 하고 싶은 말만 하려는 충동에서 벗어나면 상대가 듣고 싶은 말이 무엇인지 궁금해진다. 궁금해지면 생각하게 된다. 그 생각의 결과가 좋은 말이다.

스님도 이 과정을 거쳤다. 보살님의 음식에 대해 내가 하고 싶은 말이 아닌 상대가 듣고 싶어 하는 말을 했다. 내가 하고 싶은 말에 매달리면 상대가 기분 나빠 할 말을 하게 된다. 상대가 듣고 싶은 말에 집중하면 상대가 기분 좋아 할 말을 한다. 상황에 따라서는 상대를 위해서 바른 말을 해야 할 때도 있지만 말하는 데 돈이 드는 것도 아니니 상대를 기분 좋게 하는 말에 인색하지 않아야 다른 이들과 더 즐겁게 살아갈 수 있다.

내가 좋아하는 것을
찾는 질문

사랑이란 그가 좋아하는 것을 해주고, 싫어하는 것을 하지 않는 것이다. 나에 대한 사랑도 마찬가지다. 내가 좋아하는 것을 하고, 싫어하는 것을 하지 않으면 된다. 그런데 내가 무엇을 좋아하는지를 아는 것은 쉽지 않다. 살면서 부모와 세상의 요구에 따라 살기에도 벅찼기 때문이다. 내가 나의 이유로 사는 오십이 되면 세상의 요구를 잠시 내려놓고 정말 내가 무엇을 좋아하는지 생각할 여유가 생긴다. 내가 무엇을 좋아하는지 생각하는 시간을 가져보자.

첫째, 살면서 이건 정말 잘했다 싶은 일은?

지금껏 정말 잘했다 싶은 일은 아들을 키우면서 싫은 소리를 하지 않은 일이다. 그러려면 아이 마음을 잘 들어야 한다. 이를 알게 된 계기는 아들이 초등학교 저학년 때 쓴 시 덕분이다.

철커덕

철커덕
내가 이 세상에서
제일 싫어하는 소리
아빠가 나를 떠나
의자에 앉는 소리

철커덕
내가 이 세상에서
제일 좋아하는 소리
아빠가 의자를 떠나
나에게 오는 소리

시를 보고 놀랐다. 내가 아들을 위한다고 하는 행동은 단지 나만의 기준에 불과했다. 아들에게 내가 서재에서 공부하는 모습을 보여주면 아들이 공부하는 습관을 들일 것이라 생각했는데, 오히려 아빠가 나를 떠나가서 싫다는 감정으로 받아들이고 있었다. 부모가 아무리 좋은 의도를 가지고 말하고 행동해도 자식에게 전혀 다르게 받아들여질 수 있음을 알게 되었다.

이런 오류를 줄일 방법을 고민하다 '질문'이라는 두 글자를 발견했다. 물어보면 되는 것을 '그렇게 생각해 주겠지.' 안이하게 생각하고 묻지 않는다. '언제 물어나 봤어요?' 훗날 자식이 커서 부모에게 한 번씩 하는 소리다.

이후로 나는 아들에게 항상 질문하는 습관을 들였다. "이런 걸 하려는데 괜찮겠어?" 하고 물은 후 어떤 생각을 하고, 무엇을 느끼는지 아들 말을 끝까지 들으려 했다. 아들의 이야기를 마지막까지 듣는 대화 패턴이 우리 사이에 생기자 아이 얼굴이 환해졌다. 밝고 명랑한 기질은 타고난다고 생각하지 않는다. 부모와의 관계에서 피어난다. 자신의 완전함이 방해받지 않을 때 피어나는 웃음꽃이다.

둘째, 아무리 돈을 써도 아깝지 않은 것은?

나는 사람들을 놀라게 하는 일을 좋아한다. 준비한 이벤트로 사람들이 깜짝 놀라면 내가 살아 있다는 생각이 든다. 가장 기억에 남는 이벤트는 아내에게 한 프러포즈다. 당시 나는 동생이 사는 원룸에 얹혀살았고, 돈이 없었다. 남들이 다 하는 방법으로 프러포즈하고 싶지 않아 풍선을 5만 원어치 샀다.

방 안에 풍선을 가득 채웠다. 이제는 제수씨가 된 플로리스트에게 '마흔 된 남자가 서른다섯 된 여자에게 평생을 같이하고 싶다고 고백하는 컨셉의 꽃다발'을 만들어 달라고 부탁했다. 아내를 초대해 깜깜한 방의 불을 켜는 순간 형형색색의 풍선이 빛을 발했다. 아내는 '아!' 외마디 비명을 지르며 얼굴이 빨개졌다. 아내를 얼른 소파에 앉히고 무릎을 꿇고 꽃다발을 건넸다.

아내는 그 이듬해 결혼식을 올리기 전까지 프러포즈 때 쓴 풍선 수십 개를 집에 가져가 보관했다. 이후로도 가족들에게 이벤트를 하면서 알게 된 사실은 사람들은 시시하고 지루한 일상에 지쳐 있다는 것이다. 이벤트는 힘겨운 일상을 견디게 하고 즐거움을 발견하게 한다.

셋째, 다른 사람에게 들어서 가장 기분 좋은 말은?

지금까지 살면서 가장 기분 좋게 들은 말은 '제 마음을 어떻게 아셨어요?'라는 말이었다. 나는 평생 사람 마음에 꽂혀 살아왔다. 그러다 보니 저 표정에는 어떤 마음이 들어 있을까 하는 호기심 가득한 마음으로 사람들의 마음을 헤아리곤 했다. 심리를 공부한 것은 그런 호기심을 풀기 위한 연장선이었다. 심리란 마음의 이치라는 뜻이니 심리학은 사람의 마음이 어떻게 흘러가는가를 차근차근 알려주는 학문이다. 나는 보통 사람들이 살아가며 생각하고 느낀 것을 쓴 수필이나 현명한 사람들이 남긴 사상이나 철학책이 제대로 된 심리 책이라 생각한다.

그런 책들을 보며 '아하, 이런 원리가 있었구나.' 하고 사람 마음과 인생 공식을 깨달으면 일상생활에 적용하고, 다른 사람 마음에 적용하여 그 공식이 얼마나 들어맞는지 살펴보았다. 맞다 싶으면 반복해서 나의 인생 공식이 되도록 했다.

인생에 정답은 없고 명답만 있다. 사람과 함께 만들어 보는 내 공식이 명답에 가깝기를 바랄 뿐이다. 그러다 함께 이야기를 나누던 사람 입에서 '제 마음을 어떻게 아셨어요?'라는 소리가 나오면 속으로 쾌재를 부른다. 그 순간 모든 시간과 공간이

사라지는 짜릿한 희열을 느낀다. 세상에 공짜는 없으니 열심히
경험하고 생각하여 나만의 인생 공식을 더 정리하고 싶다.

넷째, 내가 좋아하는 사람들의 공통점은?

솔직한 사람을 좋아한다. 그런 사람들은 말을 어렵게 하지
않고 쉽고 짧고 담백하게 말한다. 주로 일상에서 쓰는 우리말
을 편하게 한다. 그런데 그 말속에는 깊은 내공이 느껴진다.
나의 스승은 평생 어려운 말을 쓰지 않으신다. 그런데 들을수
록 말씀이 깊게 다가온다. 허세를 부리지 않기 때문에 나타나
는 진짜 깊이다.

한번은 아무 대본도 없이 즉석으로 촬영하는 대담 유튜브
에서 "선생님은 좋으시겠어요. 아무런 준비도 하지 않으시고
이렇게 대담 질문에 답을 하셔서요."라고 말씀드렸다. 그러자
선생님은 정색을 하며, "무슨 소리야. 내가 90년을 준비해 왔
는데."라고 말씀했다. 한마디도 어려운 말이 없는데도 90년의
내공이 고스란히 느껴져 가슴이 찡했다.

솔직한 사람들을 좋아하는 이유는 그들은 어디로 숨을 데
가 없기 때문이다. 척하는 옷이나 허세 같은 두꺼운 옷이 없으

니 모든 것이 노출된다. 있는 그대로의 모습을 보여주기에 더 나은 모습을 만들기 위해 노력을 아끼지 않는다. 솔직한 사람은 나날이 더 나은 사람으로 변화하고 변모한다. 그런 그를 사람들은 성장하고 있고, 성숙하다고 말한다.

나는 솔직한 사람이 더 나은 사람이 되기 위해 애쓰는 모습을 세상에서 가장 아름다운 모습이라 생각한다. 그래서 나도 평생 그런 사람이 되려는 소망을 가슴속에 품고 산다. 소망을 품은 사람은 소망을 닮아간다고 하니 나도 내가 가장 좋아하는 사람이 되지 않을까 희망을 품어본다.

내가 좋아하는 것을
찾는 질문에 답하기

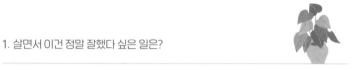

1. 살면서 이건 정말 잘했다 싶은 일은?

2. 아무리 돈을 써도 아깝지 않은 일은?

3. 다른 사람으로부터 들은 가장 기분 좋은 말은?

4. 내가 좋아하는 사람들의 공통점은?

3장

인생의 파도를 즐기며
유쾌하게 사는 법

내가 그림을 그리고
노래를 부르는 이유

    초등학교 4학년까지 나는 미술 시간이면 즐겁게 그림을 그리던 어린이였다. 5학년 때 담임선생님이 미술 경연 대회에 나가 보라고 권해 기쁜 마음으로 나갔다. 교실에 들어서 12색 크레파스를 꺼내는 순간 여기저기서 키득거리며 웃는 소리가 들렸다. 주위를 둘러보니 나처럼 크레파스를 들고 미술 대회에 온 아이는 한 명도 없었다. 모두 그림물감과 붓을 들고 이젤을 세우고 있었다. 사과 몇 개와 꽃 그리고 주전자를 앞에 두고 정물화를 그리는 대회였는데, 이런 대회가 처음이었던 나는 화려한 도구 그리고 아이들의 비웃음 앞에서 풀이 죽고 말았다. 고개도 들지 못하고 땀에 흠뻑 젖으며 사과를 빨강 크레파스로 몇 겹이고 빽빽 칠한 뒤 사과보다 더 빨개진 얼굴로 그림을 제출하고 뒤도 안 돌아보고 나왔다.

그 후로 나는 그림 그리는 재미를 잃었다. 그림만 그리려 하면 그날의 트라우마가 떠올라 손이 떨렸다. 그때 웃었던 아이들이 금방이라도 내 뒤에서 조롱할 것만 같았다. 그렇게 30년간 내가 그림 그리기를 얼마나 좋아했는지, 얼마나 잘 그렸는지를 까맣게 잊고 지냈다.

어느 해 심리 상담 캠프를 진행하기 위해 예정보다 일찍 도착한 산속 콘도에서 나는 뭔가에 끌리듯 눈앞의 풍경을 노트에 그리기 시작했다. 아무도 지켜보는 사람이 없으니 마음이 편했다. 그림을 그리면서 시간이 어떻게 갔는지, 여기가 어딘지도 까맣게 잊었다. 그림 한 장을 그리고 나니 두 시간이 훌쩍 지나가 있었고 가슴이 뻥 뚫렸다. 지금까지 갇혀 있던 가슴속 응어리 하나가 쑥 빠져나가는 느낌이 그렇게 시원할 수가 없었다.

그 후로 나는 아무 때나 어디서나 그리고 싶은 마음이 생기면 펜으로 그림을 그렸다. 주로 노트에 그렸는데 어느 순간부터 그림 아래에 그림을 그리면서 든 생각을 짧게 적었다. 예를 들면 색연필이 몇 자루 담긴 필통을 그린 뒤에는 '다 다른 것 같지만 한통속, 가족이다.'라는 문장을 달았다.

그렇게 그림은 나의 취미가 되어 어디를 가든 노트와 펜이 함께했다. 지방으로 출장을 가서 시간이 여유로운 일정이면 노트와 펜은 다정한 내 친구가 되어 동행했다. 한 장 두 장 그리다 보니 천 장이 넘었다. 이따금 지금까지 그린 그림을 보면 마음이 편안해지고 위안이 되었다. 누구에게도 보여주지 않아도 된다고 생각한 것이 그림을 마음껏 그려도 되는 이유였다. 비교를 삶에서 빼자 내 그림은 벌판을 만난 망아지처럼 즐겁게 손안에서 자유롭게 놀았다. 잘 그리려고 그리는 그림이 아니라서 지우개를 쓸 이유도 없었다. 펜으로 손 가는 대로 그렸다. 그림 아래 인생의 이치를 짧은 글로 쓸 때 마음에 평화가 왔다.

출판사 대표가 우연히 내 가방 안의 그림을 한 장 보더니 이런 그림이 얼마나 더 있냐고 물었다. 좀 많이 가지고 있다고 했더니 책으로 내고 싶다고 했다. 하마터면 들고 있던 숟가락을 놓칠 뻔했다. 단 한 번도 그런 생각을 한 적이 없었기 때문이다. 그날 저녁 나는 신이 나서 SNS에 그림과 글이 실린 사진을 한 장 올렸다. 생각하지도 못한 반응이 나타났다. '좋아요'와 댓글이 연달아 나왔다. 나는 가슴이 뭉클했다. 초등학교 5학년 때 움츠러들었던 가슴이 30년이 지나고서야 뽀드득 소리를 내며 펴졌다. 나의 가슴속 응어리 하나가 봄눈처럼 녹았다. 이제 나는 누가 보는 그림이 아니라 내가 즐거워하는 그림을 그린다. 하루에 몇 장을 그릴 때도 있고 몇 달에 한 장 그릴 때도 있다. 아무도 신경 쓰지 않으니 한없이 자유롭고 즐겁다.

열두 살에 잃어버린 그림을 마흔둘에 다시 그리기 시작하면서 깨달은 한 가지는 무엇이든 남과 비교할 때 시시해진다는 것이다. 만약 미술 대회에 나가지 않았더라면, 그래서 비교당하는 그림이 아니라 즐거워서 그리는 그림을 그렸더라면 30년간 그림을 피하는 일은 없었을 것이다. 남이 정한 기준에 내 그림을 비교한다면 언제나 나는 주눅 들 수밖에 없다. 나는 열두 살에 그림을 잘 그리려면 최소한 물감으로 그려야 한다는 다른 아이들의 기준에 주눅이 들어 그림을 그리지 않았다. 그러다 남들이 정한 기준은 남의 기준일 뿐 내 기준이 아니라는 걸 깨달으면서 다시 그림을 신나게 그리기 시작했다. 명화란 남이 잘 그렸다고 인정해 주는 그림이 아니라 스스로 흐뭇해하는 그림임을 알게 된 후 나는 비로소 나만의 명화를 그리는 소년이 될 수 있었다.

나는 강의와 상담을 하면서 노래를 부르곤 하는데 이것 역시 비교를 멈췄을 때 할 수 있었다. 강의 주제와 딱 맞아떨어지는 유행가 가사가 불현듯 떠오르면 나는 박자와 음정이 맞든 틀리든 노래를 부른다. 가난으로 너무 고생스럽게 산 한 어머니의 사례를 이야기하려고 하면 내 입에선 「내 하나의 사람은 가고」란 곡에 나오는 가사 '등이 휠 것 같은 삶이 무게여'란 구절이 저절로 흘러나온다. 유행가는 그 시대 서민의 마음을 가장 잘 담은 노래이기에 어려운 용어로 개념을 설명하지 않아도 그 뉘앙스와 느낌을 즉시 전할 수 있다. 얼마나 잘 부르는지 가수와 비교하지 않기에 나는 자유롭게 부른다.

대전에 부부 상담 캠프를 진행하러 갔을 때 다른 강사에게 배운 노래가 있다. 성경 고린도전서에 나오는 구절 '사랑은 언제나 오래 참고'로 시작되는 「사랑」이라는 노래를 불렀는데, 이 가사를 강사가 살짝 바꿔 불렀다. '부모와 자녀와 부부는 이 세상 끝까지 영원하며 부모와 자녀와 부부 중에 그중에 제일은 부부니라.'로 개사한 노래는 이제 부부 집단상담을 할 때 내가 애창하는 곡이다. 노래할 때면 나는 그림을 그릴 때와 마찬가지로 내가 나로 살아가고 있음을 실감한다.

　누구에게나 그만의 그림과 노래가 있다. 다만 종류가 나와 다를 뿐이다. 다른 사람과 비교하지 않고 나만의 화폭에 그림을 그리고, 나만의 악보로 노래를 부르는 것은 누구도 평가할 수 없는 나만의 즐거움이고 행복이다. 나는 오늘도 그림 그리고 노래하며 재미있게 살아가고 있다.

랍스터에게 배운
스트레스 관리법

"30년 동안 관악산을 오르면서 배운 게 뭔지 아십니까?"

오랫동안 등산을 하고 있다는 택시 기사가 승객인 나에게 물었다.

"뭔데요?"

"올라갈 때마다 힘들다!"

"아하하하."

기사님 이야기를 듣고 보니 그럴 것 같았다. 살아온 날들을 되돌아보니 등산뿐만 아니라 삶에서 생기는 크고 작은 어려움은 다시 겪어도 어려웠다. 기사님은 관악산을 오를 때마다 힘들고 학생들은 시험을 칠 때마다 힘들며 부부는 싸울 때마다 힘들다. 어려움을 해결하는 답은 반복이 아니라 어려움을 맞이하는 태도에 있다. 태도가 좋으면 어려움도 견딜 만해지고 운이 좋으면 어려움을 벗어날 수도 있다.

몇 해 전 미국에서 가족 여행을 하다가 랍스터 파는 가게가 눈에 들어왔다. 우리나라보다 가격이 저렴해서 여기에서 실컷 랍스터를 먹어봐야겠다 싶었다. 가게에 들어가 라지 사이즈 한 마리를 주문했는데 실제로 나온 랍스터의 크기를 보고 화들짝 놀랐다. 과장하면 랍스터 다리 하나가 아들 팔뚝만 했기 때문이다. 먹어야 한다는 생각조차 잠시 잊고 있는데 아들이 물었다.

"아빠, 랍스터는 태어났을 때부터 다리가 이렇게 컸을까?"

"그럴 리가 있나. 어릴 때는 작았겠지."

"그럼 자랄 때마다 이렇게 딱딱한 껍질을 깼겠네?"

"그랬겠다. 정말 그런지 우리 찾아볼까?"

유튜브에서 랍스터가 껍질을 깨는 과정을 찾아봤다. 랍스터가 자라면서 속살이 점점 커지면 껍질이 살을 옥죄어 오는데, 껍질을 어떻게든 처리하지 않으면 안 될 정도로 점점 강도가 세진다. 그때 랍스터는 먹을 것을 끊고 바다 깊이 큰 돌 아래로 들어가 몇 날 며칠이고 껍질을 깨는 데만 열중한다. 툭, 투둑 마침내 껍질이 갈라지고 깨지면 새로운 얇은 껍질이 살을 감싼다. 그 후 껍질은 단단해져 이전보다 더 큰 랍스터가 된다. 시간이 지나고 껍질이 다시 자라난 속살을 옥죄어 오면 랍스터는 똑같이 바위 밑으로 들어가 며칠 동안 껍질을 깨며 힘겹게 보낸다. 그런 과정이 반복되면서 랍스터는 점점 자라 다리 하나가 사람 팔뚝만 한 크기로 자란다.

나는 랍스터 이야기에 깊은 인상을 받았다. 여행을 마치고 한국으로 돌아온 뒤 책을 쓰기 시작했다. 가제를 '랍스터에게 인생을 배우다'로 정하고 일주일 동안 한두 시간만 자며 책을 완성했다. 최종 제목은 『아픔에서 더 배우고 성장한다 : 스트레스(stress)를 스트렝스(strength)로 바꾸는 방법』이 되었다. 랍스터의 이야기를 소재로 스트레스를 절망과 좌절이 아닌 새로운 힘, 스트렝스로 어떻게 바꿀 수 있는지에 대해 쓴 책이었다. 나는 랍스터를 스트레스 극복 모델이라 생각하고 이름을 'ACE 모델'로 지었다.

'A'는 수용한다는 뜻의 영단어 'Accept'를 의미한다. 랍스터는 자신의 살을 옥죄어 오는, 이제는 작게 느껴지는 단단한 껍질에 저항하는 대신 수용하고 받아들였다. 내가 어쩔 수 없는 스트레스는 없애려 하지 않고 랍스터처럼 일단 받아들여야 한다.

'C'는 선택한다는 뜻의 'Choose'를 의미한다. 스트레스 상황을 받아들였으면 어떻게 해결할지 선택해야 한다. 랍스터가 살을 조이는 껍질을 없애기 위해 이리저리 부딪치는 선택을 한다면 껍질은 제대로 벗겨지지도 못하고, 날카로운 날이 되어 랍스터를 죽음으로 몰고 갔을 것이다. 그런데 랍스터가 먹을 것을 끊고 깊은 수면으로 들어가 안전한 돌 밑에서 천천히 껍질을 깨는 선택을 했기 때문에 작았던 껍질이 깨져 떨어져 나가게 되었다. 랍스터보다 고등 생물인 인간 가운데 자신에게 생긴 스트레스를 울분과 분노로 마구 표출하거나 우울로 자신을 괴롭히는 선택을 하는 경우가 얼마나 많은가. 그리고 그런 감정적인 결정 때문에 얼마나 많은 사람들이 고통받는가. 스트레스를 잘 견디고 벗어나기 위해서는 현명하게 선택해야 한다.

마지막 'E'는 격려한다는 뜻의 'Encourage'를 의미한다. 현명한 선택을 한 대가로 랍스터는 넉넉한 옷을 입고 즐겁게 살게 됐다. 그것은 자신에게 주는 격려이다. 잘했다, 잘 선택했다. 그렇게 자신의 선택과 결과에 만족하며 칭찬해 준다.

이렇게 스트레스를 극복하는 3단계를 차례로 거치는 사람이 ACE 클래스 사람이다. 나는 스트레스를 느낄 때면 랍스터를 떠올리고 내가 만든 ACE 모델에 스트레스를 적용한다.

이근후 선생님의 스트레스 극복 방법도 ACE 모델이다. 아흔을 바라보는 선생님은 각종 질병과 한쪽 눈 실명, 다른 쪽 눈 약시의 장애를 가지고 있는데 표정에 그늘이 없다. 선생님이 가진 인생철학 덕분이다. 선생님의 인생철학은 '할 수 없지 뭐'이다. 보이지 않는다고 슬퍼하면 달라질 게 있는가. 내 눈이 안 보이면 다른 사람 눈을 빌리면 된다고 생각하고 요양보호사를 구청에 신청하여 도움받는다. 그 결과 요양보호사 한 분이 몇 년째 선생님의 눈이 되어 몇 권의 책을 출간해 냈다. 꼭 내 눈으로만 다 보아야 한다는 생각만 버리면 얼마든지 볼 수 있다는 선생님의 이야기를 들으며, 어떤 경우에도 현명한 선택만 한다면 스트레스는 더 이상 절망이 되지 않음을 배웠다.

ACE 과정으로 스트레스를 관리하다 보니 가끔 스트레스가 오기를 기다리기도 한다. 이번 스트레스는 무엇일까, 어떤 선택을 할까 호기심도 든다. 거리를 지나다 랍스터 가게를 볼 때면 랍스터에게 공손히 고개를 숙이며 말한다.

"나의 스트레스 스승님, 스승님 덕분에 제가 더 즐겁고 편안하게 삽니다. 미국에서 제게 큰 가르침을 주셔서 감사합니다."

이번 생에 나의 스트레스 관리법은 랍스터에게서 배운 ACE 모델이다.

늦게 시작한 공부가
제일 재미있었던 까닭

"교수님, 잘 부탁드립니다."

"뭘 말입니까? 선생님."

"네, 제가 이번에 교수님 수업을 듣습니다."

"에이, 무슨 말씀이세요. 농담이시죠?"

"이번 학기에 '상담의 기초' 수업 수강 신청을 했으니, 잘 봐주십시오."

앞에서도 자주 언급한 나의 이근후 선생님이셨다. 전화를 받고 어안이 벙벙했다. 수강생 명단에 이름 석 자가 또렷이 올라와 있었다. 그제야 선생님의 전화 속 이야기가 농담이 아니라 현실임을 알았다. 난감했다. 이게 무슨 일이란 말인가. 상담이 막힐 때마다 배움을 청하던 스승이 나의 학생으로 수업을 듣는다고 하시니. 그러나 이건 현실이었다.

일흔이 넘어 사이버대학교 문화예술학과 1학년으로 입학해서 내가 가르치는 교양과목을 신청하신 것이다. 진땀이 났다. 부족한 내가 최고의 상담 전문가 앞에서 상담은 이렇고 저렇다 이야기하는 것이 마치 포크레인 앞에서 삽질하는 것 같아 얼굴이 화끈거렸다.

선생님은 매 수업마다 진심으로 임하셨다. 수업을 마치면 자유 게시판에 오늘 수업 내용에 대한 의견을 자세하게 올리셨다. 의견은 제자를 가르치는 것이 아니라 스승에게 예의를 깍듯이 갖추어 당신의 생각을 일목요연하게 이야기하는 것이었다. 나는 컴퓨터 화면에 나타난 선생님의 글을 한 글자 한 글자 황송한 마음으로 읽고 마음에 새겼다. 제자 수업의 흠을 나무라는 것이 아니라 잘한 것을 감탄하고, 못한 것은 이런 것을 참고하면 더 온전해질 것이라고 따뜻하게 감싸며 일러 주었다. 선생님이 들어와 있는 수업이기에 나는 매번 더욱 최선을 다해 강의를 준비할 수밖에 없었다.

학생들은 나와 선생님의 사제 간에 오가는 글을 보며 무척 즐거워했다. 선생님 글에 내가 답을 달고, 선생님이 마지막으로 의견을 남기는 글이 학생들에게 화제가 되곤 했다. 가끔 학교 근처에 있던 선생님 댁에 가면 모니터 앞에서 환히 웃으며 열심히 수강하는 모습을 볼 수 있었다. 선생님은 공부가 너무 즐겁다며 일주일에 꼭 두 번씩 강의를 반복해서 들었다. 문화를 전공으로 택한 선생님은 학생들 모임에도 꼬박꼬박 참석해 모처럼 맞은 학창 시절을 기쁘게 보냈다.

그런데 막상 시험을 출제했을 때 곤혹스러웠다. 사이버대학에는 워낙 수강생이 많아 시험문제를 객관식으로 출제한다. 선생님은 객관식 문제에 대해 깊이 생각해서 답을 하셨는데, 얕게 생각해서 낸 내 문제의 답과 다른 답이 여럿 있었다. 결국 선생님이 제자인 나에게 받은 학점은 B에 그쳤다.

학부를 수석으로 졸업한 선생님은 졸업식에서 내 어깨를 치며 너만 A를 주었으면 전체 수석을 했을 거라며 농담을 던지셨다. 나중에 선생님은 평생 공부하면서 즐겁다고 느낀 적이 없는데 유일하게 사이버대학 공부가 즐거웠다고 회고했다. 선생님이 진짜 공부의 꽃을 피운 것은 일흔둘이 되어서였다.

사이버대학교 교수 시절 20세부터 80세에 이르는 학생들을 보면서 공부의 적령기는 나이로 가늠할 수 없음을 깨달았다. 공부의 적령기는 젊은 시절이 아니라 내가 나의 이유로 공부하기로 결심하고, 이젠 내 공부를 하고 싶다고 느끼면 적령기다.

그런 공부는 질리지 않는다. 어려움이 와도 웃으며 이겨낸다. 학생들의 체육대회나 송년회에 가면 각양각색 표정을 가진 꽃이 되어 환하게 피어 있었다. 내가 공부하고 싶어서 내 손으로 돈을 벌고 학교를 다니는 사람들의 표정은 꽃이었다. 어쩌다 초대받아 젊은 세대가 공부하는 캠퍼스에 특강을 가보면 사이버대학교 학생들과 대비되는 표정을 보곤 했다. 가족들의 기대로, 취직 때문에 진학하여 강의실에 앉은 학생들의 표정은 지치고 무거워 보였다. 화려한 젊음으로 그들을 가렸지만 미래에 대한 불안과 현재에 대한 불만이 얼굴에 묻어 있었다. 그들에게는 아직 인생의 꽃이 피지 않은 것이다.

봄꽃도 피는 순서가 있다. 개나리, 진달래, 벚꽃 순으로 꽃을 피운다. 이렇게 순서가 다른 까닭은 일정하게 따뜻한 온도가 쌓여야 꽃이 피기 때문이다. 개나리는 84.2도, 진달래는 96.1도, 왕벚나무는 106.2도다. 우리 인생도 각자의 꽃을 피우는 시간이 있다. 일정한 시간이 지나야 원하는 꽃을 피운다. 사람도 봄꽃처럼 누구나 자신만의 꽃이 있다. 그리고 그 꽃을 피우는 시기가 따로 있다. 언제 꽃을 피우는가는 자신도 알 수 없다. 우연이라는 이름으로 그때가 오기 때문이다. 그때까지는 방황할 수밖에 없다.

일흔 넘어 공부의 꽃을 피운 선생님을 보며 나도 쉰 중반에 다시 상담대학원 석사과정에 입학했다. 현장에서 25년 이상 상담을 하면서 이것을 학술적으로는 무엇이라고 정의하는지 궁금할 때가 많았다. 나는 제도권에서 상담을 공부하고 현장에서 상담을 한 것이 아니라 거꾸로 현장에서 상담을 한 후 제도권에 상담 이론을 배우기 위해 들어갔다. 이근후 선생님을 찾아뵙고 대학원에 가게 되었다고 말씀드렸다. 선생님을 보고 저도 상담의 기초를 공부하고 싶어 공부를 시작했다고 고백하며 해주실 말씀이 없냐고 물었다. 선생님은 짧게 한마디 하셨다.

"가거든 모르는 거만 물어라."

나는 그 말에 급소를 찔린 듯 움찔했다. 경력자로 우쭐대며 교수들이 말할 때 아는 척, 잘난 척할 가능성이 있는 나에게

쐐기를 박는 말이었기 때문이다. 그 말씀 덕분에 나는 겸손한 학생으로 대학원을 마칠 수 있었다.

다시 대학원 공부를 하면서 공부하는 즐거움을 알았다. 공부할 때는 일상의 피로가 일시에 사라지고 햇살 같은 환함이 표정에 스며들었다. 주말에도 쉬지 않고 공부하는데 얼굴에 그늘이 생기지 않았다. 배움에 골든타임은 따로 없다. 나도 나이 쉰이 넘어 공부의 꽃을 피웠다. 내 삶에 피는 꽃은 세상 사람들이 말하는 성공과 관계없다. 누가 봐도 성공한 사람인데 짙은 그늘을 드리운 경우가 많다. 남들이 생각하는 꽃이 나의 꽃은 아니며, 즐거운 삶을 산다는 건 나에게 꼭 맞는 꽃을 발견하고 꽃피우는 일이다. 일정하게 따뜻한 온도가 쌓여 봄꽃이 피는 것처럼 나도 나에게 관심이란 따스한 온기를 품어볼 일이다.

돈도 안 되는 모임을
왜 계속 만드냐고요

내 삶에서 가장 큰 행복 충전소가 있다. 이 충전소는 남들이 보기에 쓸모없어 보이지만 내가 보기에 쓸모 있는 모임을 만들 때마다 배터리가 충전된다. 세상 사람들이 쓸모없다고 생각하는 모임은 그걸 해서 돈이 되냐, 밥이 나오냐는 소리가 나오는 모임이다. 이에 비해 내가 쓸모 있다고 생각하는 모임은 돈도, 밥도 나오지 않지만 사람들 마음에 살이 되고 피가 된다. 그런 모임을 만들고 나면 나는 내가 쓸모 있는 사람이란 생각이 든다. 세상은 나로 인해 아주 조금씩 더 밝아지고 그 안에서 나는 즐겁고 보람을 느낀다. 무엇으로도 살 수 없는 나만의 세상이다. 죽음 후에 극락과 천국이 있으면 뭘 하는가. 나는 지금 살아 있으면서 늘 유토피아에 살고 싶고 그래서 모임을 만든다.

여러 해에 걸쳐 이런저런 모임을 만드는 나에게 아내가 물었다.

"당신은 왜 돈도 안 되는 모임을 계속 만들어요?"

시민 상처 치유 모임인 '붕대클럽'을 만들 때까지는 좋은 일을 하려나 보다 했다. 그런데 얼마 지나지 않아서 듣지도 보지도 못한, 우주에 덕을 쌓고 지구에서 복을 받는다며 '우주은행'을 만들고, 너무 질문을 하지 않는 사회에 질문과 답변만으로 이루어진 대학을 만든다며 '물어봐U'를 만들고, 그것도 모자라 감정을 요리한다고 '감정식당'까지 만들자 혀를 끌끌 차며 우리 남편은 도대체 무얼 하는 사람인가 회의가 들었다고 했다.

어떤 모임이든 사람들을 모아야 하니 여간 신경이 쓰이는 일이 아니다. 모임을 유지하는 데 드는 비용과 시간, 에너지도 만만치 않다. 참가자들에게 받는 비용은 장소 대여료나 다과비로 다 나가니 남는 돈이라고는 없다. 아내가 보기에 내가 하는 일은 충동적이고, 쓸모도 없을 뿐 아니라 현실적으로 이득이 없다.

그럼에노 내가 모임을 만드는 이유는 두 가지다. 우선 현실적으로 이득이 없어도, 덜 힘들게 사는 데 도움이 되기 때문이다. 다음으로 무엇으로도 환산할 수 없는 재미를 느껴서다. 모임을 만들 때마다 각 모임마다 서로 다른 재미가 생긴다.

"여보, 내가 만약 돈을 원하는 만큼 벌었다고 쳐봐요. 그때 내가 만들고 싶은 모임이 어떤 모임이겠어요. 내가 번 돈으로 그 돈을 벌게 해준 사람들에게 좋은 영향을 주는 모임을 만들고 싶지 않겠어요. 그리고 내가 잘할 수 있어서 재미도 있는 그런 모임이요. 그게 바로 지금 만드는 모임이에요."

"말이라도 못하면…. 알았어요, 알았어."

한발 물러서 준 너그러운 아내 덕분에 나는 지금도 뚝딱뚝딱 대장장이가 연장을 만들어 내듯 사회에 좋은 영향력을 주는 모임을 신나게 만들고 있다.

이렇게 만든 모임 가운데 어느새 10년을 넘긴 붕대클럽은 내가 애정을 가장 많이 쏟은 모임이다. 붕대클럽은 몸의 상처를 붕대로 감듯이 마음의 상처를 눈에 보이지 않는 붕대로 감아주는 모임인데, 모임 이름은 일본의 만화, 영화 「붕대클럽」

에서 따왔다. 극 중 실연을 당한 회원이 있으면 실연을 당한 놀이터의 그네를 붕대로 감아 사진을 찍어 회원에게 보낸다. 축구 시합 중 자살골을 넣어 상심하는 회원에게는 공과 골대에 붕대를 감은 사진을 보내 위로를 전한다. 나는 이 두 장면에 강한 인상을 받아 한국판 붕대클럽을 만들고 싶어 판을 벌였다. 만화영화 같은 즐거운 붕대클럽이 일본판 붕대클럽이라면 한국판 붕대클럽은 현실의 상처를 실제로 치유하고 감싸주는 따뜻한 클럽이었으면 했다.

예를 들면 '남보다 못한 형제'를 주제로 할 때는 자꾸만 사업 자금이며, 돈 달라고 손 벌리는 형제를 둔 붕대클럽 회원이 고충을 털어놓는다. 그러면 참석한 회원들이 자기 인생 경험을 돌이켜 보며 좋은 해법을 제안한다. 모임을 진행하는 나는 붕대지기로서 해법을 종합하고 정리한 후 상담적인 해결 방법을 제시한다. 실제로 이 주제로 붕대클럽이 열렸을 때는 은행 지점장인 회원이 소개한 자신만의 원칙이 베스트로 채택되었다.

"돈을 빌려달라는 사람에게 이런 원칙을 세우고 실천해 왔습니다. 가족 형제들에게는 500만 원, 죽마고우 죽고 못 사는 친구에게는 300만 원, 사회에서 만나 외면하기 힘든 지인에게는 100만 원으로 빌려주는 금액의 상한선을 정했습니다. 이 액수를 빌려주되 조건은 갚지 않아도 되며 평생 딱 한 번이 리는 것입니다."

이것보다 돈을 더 빌려달라는 사람이 아직 없었고 돈을 되돌려 받은 적도 없었다고 한다. 그러나 누구와도 관계가 틀어지거나 소원해지지 않았다. 붕대클럽 회원들은 지점장의 원칙에 박수를 쳤다. 나에게 돈을 빌려달라고 하는 형제나 지인은 없었지만 만약 그런 일이 생기면 그 원칙을 적용할 생각이다.

붕대클럽의 첫 모임에 100명 가까운 분들이 왔다. 와봤자 10~20명일 거라 생각했던 나는 깜짝 놀랐다. 좋은 취지로 모임을 만들면 사람들이 시간 내고 돈을 들여 기꺼이 참석한다는 것을 발견하자 감동과 감사가 교차했다.

더욱 놀라운 건 몇 회 진행한 뒤 각 분야의 전문가들이 붕대클럽의 진행하는 붕대지기를 자청했다는 것이다. 돈 빌려주는 원칙을 이야기했던 은행 지점장은 "교수님, 상처는 돈으로도 많이 받잖습니까. 심리 치료만 가지고 힘들 수도 있으니, 금융 면에서는 제가 붕대지기를 하면 어떻겠습니까?"라고 나섰다. 변호사인 회원은 '법률 붕대지기'를 맡아주셨다. 참가자들 가운데 자발적으로 운영 스태프를 자처해 장소와 간식을 준비하거나 모임 후 자신의 식당에서 먹거리를 제공해 주시는 분도 나왔다.

나는 붕대클럽을 10년 이상 진행하면서 사람들의 선한 마음에 대해 깊은 믿음을 가지게 되었다. 사람들에게 부족한 것은 기회이지 선한 마음이 아니었다. 피상적으로 보면 세상은 각박하고 모진 사람만 있다. 하지만 선의를 가지고 모임을 만들면 수많은 사람들이 기꺼이 봉사하고 동참한다. 붕대클럽 모임을 할 때마다 내가 사는 세상이 포근하고 따스하게 느껴지고 가슴에 몽글몽글 행복이 피어오르면서 '안 만들었으면 어쩔 뻔했나!' 하는 아찔한 생각도 들곤 한다. 지금까지 붕대클럽에는 수백 명의 사람들이 자신의 아픔을 털어놓고 더 좋은 해법을 찾아 웃으며 모임을 나섰다.

모임을 만들 때마다 내가 세우는 원칙이 두 가지 있다. 하나는 '나를 포함해서 두 명이면 한다.'이고, 다른 하나는 '내일이라도 문을 닫을 수 있다.'이다. 이 두 가지는 모임을 멋지게 만들려는 욕심을 내려놓기 위한 제동장치다. 주위에서 모임이 오래가지 못하는 이유를 살펴보았더니 두 가지였다. 하나는 더 크고 화려하게 만들려는 욕심, 또 하나는 초심을 잃고 모임으로 이득을 보려는 사심 때문이었다. 반대로 오래가는 모임은 소박한 것에 만족하고 초심을 잃지 않았다. 나는 좋은 뜻으로 모임을 만든 이상 평생 유지하고 싶었다. 그러려면 모든 모임에서 욕심과 사심을 버려야 했다. 사람들은 귀신처럼 마음을 꿰뚫어 보았다. 우주은행이 6년을 지속했던 것도, 감정식당이 6년째 순조롭게 이어지고 있는 것도 두 원칙을 잊지 않았기 때문이다.

2년 전에는 각 분야 전문가들의 삶에서 지혜를 배우는 '인생포럼'를 만들었고, 보육원을 나와 자립을 준비하는 청년들을 위한 모임으로, 마음이 술술 풀린다는 뜻을 담은 '마술학교'도 만들었다. 각각 모임들의 형태나 목적은 세상에서 유일무이하기 때문에 언제나 가슴을 설레게 한다. 게다가 각기 다른 대상으로 계속 이어지니 한시도 지루할 틈이 없다. 특히 사람에 대해 신뢰가 생기니 어떤 모임이든 내가 선한 의지만 간직하면 잘될 수밖에 없다는 자신감으로 이어졌다. 그리고 내 삶에서 강한 추진력과 실천력을 생기게 해주었다.

인생의 된장찌개와
쓴 약을 구분하는 방법

아들이 여섯 살 되던 해 유명 축구선수가 운영하는 축구 교실에 등록시켰다. 그런데 어찌 된 일인지 아들은 축구장에서 다른 아이들과 부딪힐 때마다 뛰기를 멈추고 구석으로 가 쭈그리고 앉아 있었다. 다른 아이들은 이리저리 뛰며 깔깔 웃으며 축구공을 차는데, 아들이 그런 모습을 보이니 가르치던 코치도 난감해하고 아내와 나 역시 다른 부모들을 보기에 부끄럽고 민망했다. 유니폼에 석 달 치 수강료까지 지불했는데 속이 상했다. 나는 축구를 좋아했는데 애는 누굴 닮아 이런 걸까. 아들의 그런 행동이 반복되자 제대로 교육시켜야겠다고 생각해 말을 꺼냈다.

"승준아. 된장찌개도 처음 먹으면 맛이 없잖아. 그런데 자꾸 먹으니끼 맛있이지지? 축구노 그래. 자꾸 하다 보면 좋아져."

빤히 나를 쳐다보던 아들이 말했다.

"아빠, 약을 먹으면 쓰지?"

"그래."

"계속 먹으면 달아?"

"…."

"축구도 그래."

옆에 앉아 있던 아내가 뒤로 넘어갈 듯 큰 소리로 웃었다. 나도 아들의 말에 빵 터졌다.

"정말 그러네. 약은 계속 먹어도 쓰네."

우리는 아들에게 깨끗이 항복했다. 그날로 아들은 축구를 그만두었다. 축구는 아들에게 쓴 약과 같다는 걸 인정할 수밖에 없었다.

아들이 축구를 그만둔 이후 아들에게 무엇을 권할 때 이것이 된장찌개인지 약인지 생각하는 습관이 생겼다. 된장찌개라는 생각이 들면 처음에 좋아하지 않아도 계속하도록 권했다. 하지만 약이라면 권하지 않았다. 초등학생이 된 아들이 피아노를 배울 때도, 트럼펫을 배울 때도 된장찌개와 약의 원칙이 적용됐다. 피아노는 어느 정도 배우자 더 이상 배우고 싶지 않다고 했다. 약이었다. 피아니스트가 될 게 아닌데 강제할 일이 아니었다. 미련 없이 피아노를 그만두게 했다. 트럼펫을 배울 때는 반대였다. 틈이 나면 트럼펫을 어루만지고 연습했고 부모 앞에서 자랑스럽게 보여주려 했다. 된장찌개였다. 할수록 좋아하고, 좋아할수록 잘했다. 5학년이 되었을 때 아이는 학교 오케스트라 단원이 되더니 6학년 때는 전국 초등학교 오케스트라 대회에 단원으로 나가 우승까지 했다. 요즘도 아들은 트럼펫을 즐겁게 분다.

고등학생이 되자 아무도 하라고 한 적이 없는데 학교 농구부에 들어갔다. 틈만 나면 NBA 농구 경기를 시청하고 농구화를 사고 농구복을 고르고 농구 교실을 찾아갔다. 기술을 배운 후에도 남아서 농구 연습을 계속했다. 농구는 트럼펫 이후 만난 된장찌개였다. 아들은 비가 오나 눈이 오나 매일 농구장에 간다. 미국 농구선수 스테판 커리를 우상으로 여기는 아들 꿈은 미국에 가서 커리가 하는 농구를 직관하는 것이다.

나는 아들에게 농구가 된장찌개라는 것을 알게 된 후 농구하는 아들에게 싫은 소리를 한 적이 없다. "재미있었어?"라는 한마디면 충분하기 때문에 군더더기 말을 붙일 필요도 없었다. 아늘이 기술을 배우고 싶어 하면 인터넷으로 코치를 직접 찾아보라고 하고, 나는 열심히 일해서 그 비용을 내주기만 했다.

아들과 싸우지 않고 지금까지 지낼 수 있었던 건 축구 교실에서 배운 교훈 덕분이다. 된장찌개와 약을 구분하여 된장찌개는 후원하고, 약은 그만 먹게 했더니 싸울 일이 없었다. 이 원칙을 확장하여 아내에게도 적용하고 스스로에게도 적용하며 살고 있다. 된장찌개인지 약인지 구분하는 원리는 간단하다. 처음 할 때 재미있으면 된장찌개다. 괴롭거나 싫으면 약일 가능성이 크다.

내가 처음 대학에서 전공한 학문은 경제학이었다. 수학을 유독 싫어하고 무서워하던 나는 수학 원리가 기본으로 나오는 경제학 공부가 버겁고 힘들었다. 이 공부를 평생 해야 한다고 생각하니 긴 한숨이 나왔다. 돌아보니 경제학은 내게 쓰디쓴 약이었다. 그런데 두 번째로 전공한 복지학은 싫지 않았다. 평생 해도 좋겠다는 생각도 들었고 그러다 서른에 시작한 상담은 아주 달았다. 가슴이 설레며 다음에 상담하는 날이 기다려졌다. 나에게 꼭 맞는 된장찌개를 발견한 건 나이 서른이 되어서였다. 약이었던 경제학과, 약한 된장찌개였던 복지학을 지나 강한 된장찌개인 상담학을 만나 지금까지 계속 상담자로서의 삶을 살아가고 있는 게 내 인생이다.

인생은 노력만으로 되지 않는다. 노력으로 되지 않는 것도 많고, 노력으로 좋아지지 않는 것도 많다. 세상에 올 때 가지고 오지 않은 것들이 노력을 무력하게 만든다. 반대로 세상에 올 때 내가 가지고 온 것들은 조금만 노력하면 가속도를 내며 금방 잘하게 되고 오래도록 좋아할 수 있다. 오십 인생을 살아가는 지금도 무언가 새로운 것을 할 때 이게 된장인지 약인지 나에게 물어본다. 내 속에서 '이건 된장'이란 소리가 나오면 나는 그 일을 시작한다. 나에게 가끔 사람이 어떻게 좋아하는 일만 하고 사느냐고 주위 사람들이 말한다. 나는 반대로 말한다. 사람이 어떻게 싫어하는 일을 계속하면서 사느냐고. 이게 된장인지 약인지를 생각하는 마음 습관 하나만 가진다면 나는 아들과도 아내와도 나와도 싸우지 않고 남은 생을 살 수 있을 것 같다.

아침마다
두뇌 헬스장에 가는 이유

    어느 날 약사 부부를 상담하던 중 아내가 "우리 남편은 아침에 70분, 자기 전에 30분을 샤워해요. 전 그게 이해가 잘 안 돼요."라고 말했다. 깜짝 놀라 남편에게 진짜냐고 물었더니 그렇다고, 밤에는 그냥 샤워만 하니 30분 동안 한다고 했다.

    "70분 동안 샤워를 하신다고요?"

    "네. 제가 유전적으로 과민성대장증후군이 있어서 30분은 속을 비웁니다. 그래야 고객들을 만날 때 곤란한 경우가 안 생깁니다. 저는 속이 안 좋으면 그냥 안 좋은 게 아니라 견딜 수 없을 정도로 아프거든요. 그리고 30분은 온몸을 정성껏 씻어요. 손가락 마디마디, 발가락 마디마디 씻습니다. 크레파스로

흰 도화지에 대충 칠하면 색이 제대로 칠해지지 않고 빈구석이 생기잖아요. 몸을 도화지라 생각하고 구석구석 정성껏 씻으면 30분이 걸립니다. 그리고 나머지 10분은 욕실 바닥과 욕조에 낀 때나 떨어진 머리카락을 치우고 닦습니다. 아기가 어리기 때문에 신경을 쓰는 거죠."

그의 이야기를 들으며 내 샤워 시간은 얼마나 되는지 자문해 보았다. 길어야 10분, 보통 5분도 넘기지 않고 후다닥 물칠만 하고 나왔다. '이참에 나도 30분 동안 샤워를 해볼까?' 충동이 생겼다. 그날 저녁부터 아침, 저녁으로 30분씩 하는 샤워를 시작했다.

결과는 놀라웠다. 30분간 샤워를 시작한 첫날 난데없이 갑자기 눈물이 주르르 흘러내렸기 때문이다. 지금까지 살면서 내 몸을 얼마나 건성으로 대하고 홀대했는지, 30분 샤워가 뭐라고 낱낱이 나에게 눈물로 일러바치고 있었다. 그뿐 아니라 번들거리던 코 기름도 언제 그랬냐는 듯 사라지고, 얼굴도 뽀도독 소리가 나게 반짝이고 윤이 났다. 겨울이면 잠옷에 묻어나던 피부 각질도 생기지 않았다. 무엇보다 깊은 수면에 빠질 수 있었다. 그때부터 지금까지 30분 샤워는 새로운 일상 습관이 되었다.

30분 샤워 습관이 일상생활에 자리 잡으면서 마음이 편해졌다. 아침마다 30년 가까이 하던 두뇌 습관에 몸 습관이 첨가되었기 때문이다. 두뇌 습관은 두세 시간 동안 두뇌 헬스장에 가는 습관이다. 보통 아침 6시에 일어나면, 습관적으로 서재에 가서 두뇌 헬스를 시작한다. 두뇌 헬스를 하는 방법은 간단하다. 내게 일어난 세상일을 머릿속에 떠올리고 정돈하는 전반전과 오래전에 우리 조상들이 이야기한 세상일에 대해 배우는 후반전으로 나누어 두뇌 근육을 단련한다.

전반전은 축구에서 몸을 풀 듯 두뇌를 푸는 운동을 시작한다. 먼저 가만히 눈을 감고 이리저리 떠오르는 생각과 만난다. 주로 어제 만난 사람, 경험한 일들이 떠오른다. '그 사람은 왜 그런 말을 했을까?', '그 일은 왜 일어났을까?' 그렇게 질문을 던진다. 하늘 아래 해결하지 못할 일은 없다고 믿고 세상에 일어나는 모든 일은 언제나 반드시 원인이 있다고 생각하고 산다. 그러다 보니 어제는 미처 생각하지 못한 일의 원인들이 보름달 떠오르듯 둥실 떠오르곤 한다. '아, 그래서 그 일이 일어날 수밖에 없었겠구나. 그래서 그 사람이 그 말을 한 거구나.' 하는 깨달음이 생긴다.

어느 하루는 전날 저녁 집단상담에서 내담자와 나누었던

말이 떠올랐다.

"만남은 숙명이고 결혼은 운명이더라고요."

"숙명과 운명의 차이가 뭔가요?"

"숙명은 화살이 뒤에서 날아오고, 운명은 앞에서 날아오는 거예요."

"네?"

"뒤에서 화살이 날아오니 피할 수가 없잖아요. 그런데 앞에서 날아오면 이리저리 피할 수가 있잖아요."

눈을 감고 그 말을 떠올리며 웃었다. 그리고 '인연은 신이 만들어 주는 것이고, 부부 관계는 내가 만드는 것이구나!' 하는 깨달음이 퍼뜩 생겼다. 그 순간 나는 눈을 번쩍 뜨고 노트북을 켜서 떠오른 생각을 글로 쓰기 시작했다. 지금까지 나온 책은 대부분 이런 식으로 쓴 글 모음이다.

한 시간 남짓 되는 시간 글을 쓰고 나면 기지개를 켜고 입으로 소리 내 쓴 글을 읽으며 어색한 문장을 고치고 가다듬는다. 이 시간이 나에게는 하루 중 가장 즐거운 두뇌 헬스 시간이다. 바둑으로 말하면 전날 둔 대국을 복기하는 시간이랄까. 머리는 맑아지고 쓴 글을 보면 마음도 개운해진다.

내 생각을 정리하여 글로 옮기는 시간이 끝나면 후반전 프로그램이 기다리고 있다. 그것은 남의 생각을 내 생각으로 가져오는 시간이다. 책상 위에 늘 함께하는 세계 속담 사전, 한국 속담 사전, 세계 명언 사전을 무작위로 펼친다. 동서양의 속담과 명언은 동서고금의 지혜가 응축된 보물이다. 이 가운데 그날 가장 마음에 와닿는 문구 하나를 고른다.

예를 들어 '가난이 문으로 들어오면 사랑이 창으로 나간다.'는 속담이 유난히 마음에 들어오는 날이 있었다. 이 속담을 보며 내 머릿속은 자동으로 가난한 사람들을 상담한 경험이 주마등처럼 스치고 지나간다. 사회복지 현장에서 만난 가난한 사람들의 말과 일상에 대해 복기한다. 그러면서 이 속담이 얼마나 지혜로운 이야기인가 감탄한다. 이런 깨달음은 책상 위 노트에 도형과 화살표로 그려 담거나 노트북에 짧은 깨달음의 글로 기록한다.

내가 30년간 상담을 하면서 알게 된 사실은 상담은 기술이 아니라 지혜로 한다는 것이었다. 상담하러 오는 사람은 자기로서는 해볼 걸 다 해본 사람이고, 생각할 걸 다 생각해 본 사람이다. 그런 사람에게 도움을 주기 위해서는 그 사람보다 더 넓게 바라보고 더 깊게 바라보는 안목을 지니고 있어야 한다.

그래야 그 사람의 말을 충분히 알아들을 수 있고 입장을 이해할 수 있다. 그리고 그 바탕 위에서 상대가 원하는 해결책을 함께 찾아나갈 수 있다. 이런 일련의 과정이 지혜로 나타나기 때문에 지혜를 내 속에 가지기 위해서는 생각하는 두뇌 근육을 날마다 키울 수밖에 없다. 몸에 불필요한 지방이 가득한 헬스클럽 대표를 상상할 수 없듯이 어리석은 상담자 또한 상상할 수 없다.

생각하는 두뇌 근육을 키우는 가장 좋은 방법은 두뇌를 쓰는 습관을 들이는 것이다. 나는 상담으로 도움을 받으려는 사람은 아마추어를 기다려 주지 않는다고 믿는다. 최고를 원한다. 그런 최고가 되려면 적당히 생각하는 습관은 지양해야 한다. 매일 자신에게 일어나는 일을 깊이 생각하고 정리하며 과거 지혜로운 사람들의 이야기를 귀담아들어야 한다.

매일 이렇게 두뇌 헬스로 생각 근육을 키우다 보면, 부부, 자녀, 부모, 형제와의 관계도 점점 더 좋아진다. 상담자의 가족이야말로 상담자의 지혜를 발휘할 수 있는 가장 좋은 대상이기 때문이다. 부부 관계가 좋지 않은데 부부 상담을 하는 상담자, 자녀와의 관계 문제가 있는데 부모와 자녀 상담을 하는 상담자는 가짜다. 진짜 상담자라면 자기 가족과 갈등을 잘 해결해야 한다.

두뇌 헬스 덕분에 가족끼리의 관계만 좋아지는 것이 아니라 자신과의 관계가 좋아진다. 몸 헬스의 최고 수혜자가 헬스를 하는 자기 자신이듯, 두뇌 헬스의 최고 수혜자 또한 자기 자신이다. 스스로에 대해 편해지면 누구를 만나도 편안한 기운을 전할 수 있다. 이제 아침에 샤워하는 시간이 30분이 늘어나면서 두뇌 헬스는 더 쾌적해졌다. 두뇌 헬스도 결국 마음 샤워다. 몸도 깨끗이 샤워하고 마음도 편안히 샤워하는 샤워 습관을 남은 세월 동안 이어 가고 싶다.

열심히 일하기 위해서는
잘 쉬어야 한다

"잘 쉬려면 어떻게 해야 해요?"

"단순해지면 돼요."

"왜요?"

"복잡하면 못 쉬니까요."

매주 인생 질문을 던지고 일주일 뒤 대답하는 모임 '물어봐U'를 만들었을 때 첫 번째 질문이 직장 생활 20년 차 직장인이 던진 '잘 쉬려면 어떻게 하면 되는가?'였다. 그녀는 제대로 쉰 적이 없었다. 휴가지에 가서도 계속 일 생각이 났기 때문에 쉬어도 쉰 느낌이 들지 않았다. 물어봐U는 8주 동안 여덟 명으로 진행하는 초미니 대학으로 매주 한 명이 자신의 고민을 인생 질문으로 던지면 일주일 동안 질문을 던진 본인과 그 질문을 들은 나머지 일곱 명이 답을 생각한다. 그다음 주에는 질문에 대해 각자 깊이 생각한 여덟 개의 답이 제시된다.

잘 쉬는 방법에 대해 여덟 개의 답이 나와 서로 의견을 주고받다가 최종 명답으로 선정된 답이 바로 '단순해지기'였다. 못 쉬는 사람들은 '이것만 끝내고 쉬자.'라고 생각하는 습관을 가지고 있다. 그런데 이것과 관련된 것이 꼬리에 꼬리를 물고 나타나기 때문에 쉬는 시기도 자꾸 뒤로 미루어지고 이것저것 할 일이 늘어난다. 그래서 복잡하다. 이것도 고려하고 저것도 고려하여 다 정리된 후 쉬려고 하기 때문이다. 정작 쉬려고 휴가지에 가서도 정리되지 않은 일을 생각하다 보니 쉬는 게 쉬는 게 아니다.

단순해지면 된다고 말한 사람은 '단순하면서 무식해져야 한다.'라고도 했다. 복잡하고 유식하면 일에 매이지만 단순하고 무식하면 가령 일하다가도 제주도로 가고 싶다는 생각이 들면 그냥 간다는 거다. 그리고 가서 맛있는 거 먹고 싶다는 생각이 들면 맛집을 찾아가서 그냥 먹는다. 자기의 욕구와 몸의 이야기에만 귀를 기울이는 단순함과 무식함은 잘 쉬기 위한 필수 조건이다.

그 이야기를 듣고 잘 쉬는 게 무어냐고 물었던 직장인은 다음 주에 바로 제주도로 3박 4일 여행을 다녀왔다. 단순하고 무식해지기로 결심하고 회사에 휴가를 내고 떠났다. 휴가를 마치고 돌아온 후 그녀는 이번 휴가가 얼마나 황홀했는지를 이야기했다. 단순함과 무식함이 주는 쾌감을 짜릿하게 전했다.

물어봐U 교수로 있는 나도 잘 쉰다는 것에 대한 명쾌한 답이 마음에 들었다. 그 답을 따라 내가 실천한 것이 제주도 한 달 살이였다. 서울을 떠나지 못할 이유는 백 가지가 넘었다. 제주도로 가야 하는 이유는 하나밖에 없었다. 쉬고 싶다는 것. '우리 제주도 한 달 살이 갑시다.' 아내에게 말했다. 놀라운 것은 아내도 '나도 그러고 싶어.'라고 했다는 것이다. 아내도 쉬고 싶어 하던 참이었다. '이건 어떻게 하고?'라는 복잡하고 유식한 소리를 하지 않았다. 일단 떠나자고 합의되자 일은 급물살을 탔다. 최소 비용으로 할 수 있는 숙소를 정한 후 노트북과 가방 두 개만 들고 우리 부부는 한 달 살이를 떠났다.

신혼여행도 이보다 달콤할 수는 없으리. 우리의 한 달 살이는 단순함 자체였다. 관광지를 가지 않고 동네를 어슬렁거리며 걷고 해안가를 산책하다 배가 고프면 단골 식당으로 갔다. 잠이 오면 자고 심심하면 카페에 들어가 커피를 마시며 하늘을 보고 바다를 봤다. 정 심심하면 노트북에 투닥투닥 글을 썼다. 상담은 온라인 상담으로 대체했다.

단순하고 무식하게 제주도로 떠나왔더니 복잡하던 수많은 일들이 알아서 단순해졌다. 신기한 노릇이었다. 세상일이 복잡해서 내가 복잡하게 생각한 게 아니라 내가 복잡하게 생각해서 세상일이 복잡하게 얽히게 되었음을 아는 데 한 달이 걸렸다. 나는 제주도 한 달 살이를 통해 변했다. 일 때문에 쉴 수가 없다는 말을 더 이상 하지 않는다. 쉬려고 하지 않아 일을 하게 된다는 것과 단순하게 생각하지 않아 쉬지 않게 된다는 것을 깨달았다.

한 달 살이를 마치고 제주도를 떠날 때 나는 다른 사람이 되어 있었다. 서울에서도 제주도처럼 단순하게 살기 시작했다. 일과 쉼이 동등한 가치를 가지자 일할 때는 더 열심히 일했고 쉴 때는 제대로 쉬었다. 어정쩡한 조합은 점점 사라졌다.

말 한마디가 주는 힘은 대단하다. 잘 쉰다는 건 단순해지는 거라는 한마디는 우리 부부의 삶을 더 행복하게 이끌었다. 이듬해 우리는 제주 1년 살이를 감행했다. '이번엔 길게 떠납시다.', '그럽시다.' 딱 두 마디로 한 달 살이에 이어 1년 살이를 떠났다. 매주 출연하던 라디오 방송도 우리가 떠나는 것을 아는지 개편 시기를 맞았다. 나는 건강을 이유로 휴식이 필요하다고 방송국에 양해를 구했다. 방송국도 난색을 표할 줄 알았는데 새로운 포맷의 프로그램을 준비하던 차라 쉽게 양해해주었다. 코로나 시기라 대학에서 강의들은 온라인으로 할 수 있었다. 단순하게 결심하니 이번에도 모든 일들이 단순해져 나에게 다가왔다.

제주도 1년 살이는 단순하고 유쾌했다. 동네 산책로는 1년 내내 단골 산책로가 되었다. 가까운 수목원이나 카페는 서울에서처럼 다니는 골목길이 되었다. 온라인으로 하는 상담과 수업도 더 재미있었다. 가끔 가는 맛집의 음식은 쉬는 즐거움을 한껏 끌어 올려주었다.

놀라운 것은 단순하게 쉬면서 더 열심히 일하게 되었다는 것이다. 얼마 전 동생이 필리핀으로 스킨스쿠버 여행을 갔을 때의 일화 하나를 들려주었다. 일본 직장인들이 스킨스쿠버의 명소로 여행을 왔는데 우리나라 사람들과 달랐다고 했다. 우리는 한두 번 다이빙을 하고 나면 대충 장비를 챙겨 숙소로 돌아와 쉬거나 쇼핑을 하러 가는데 그들은 달랐다. 들어가고 나오기를 계속했고 입수자가 나오면 박수 치고 환호하기를 반복했다. 지도와 무언가 빼곡하게 적힌 종이를 들고 열심히 하는 모습이 궁금해 그 이유를 물었더니 여기에 오기 위해 1년 동안 돈을 모으고 매주 모여서 산호는 어디에 있고 무슨 색이고 어종은 어떻게 되는지, 이 지역에 대해 공부했다고 했다. 1년 내내 상상하고 공부하던 곳에 오니 하나도 놓치고 싶지 않아 함께 다이빙한 경험을 나누고 즐거워하고 있었던 것이다.

이들은 잘 쉬기 위해 1년간 열심히 일했다. 며칠의 즐거움을 위해 매주 모여 즐거움을 상상하며 공부했다. 동생은 이들을 보며 일하다 지치면 그냥 대충 어슬렁거리며 쉬다가 다시 일터로 돌아오는 자신이 떠올라 왠지 부끄러웠다고 한다. 누군가는 잘 쉬는 것에 목숨까지 거는데 자신은 일하는 데만 목숨을 걸었다고, 쉬는 것도 일하는 것 못지않게 중요하며 어쩌면 잘 쉬기 위해 일하는 것일지도 모른다고 동생은 생각했다고 한다. 그 여행 이후 동생은 일하는 것과 잘 쉬는 것을 같은 선상에 두기로 했다고 전했다.

역설적이지만 열심히 일하기 위해서는 잘 쉬어야 한다. 잘 쉬기 위해서는 쉬는 것의 가치를 잘 알아야 한다. 쉼은 일하기 위해서가 아니다. 일하는 것과 쉬는 것은 동등해야 한다. 그리고 단순하고 무식하게 떠나야 한다. 물어봐U가 가져온 삶의 변화 가운데 쉼에 대한 관점의 변화가 오십 이후 내 삶을 더 건강하고 행복하게 만들고 있다. 단순함, 그것은 쉼의 필수 덕목이다.

재미가 없어도
의미가 있으면 된다

대중들에게 엄청난 인기를 끌던 강사가 몇 해 지나지 않아 인기가 시들해지고 잊히는 모습을 보면서 이유가 궁금했다. 대중은 좋아하다가도 금방 싫증을 내는 사람들인가 싶었다. 혹시 내가 유명해지면 그렇게 사람들에게 금세 잊힐까 걱정한 적도 있다. 그래서 어쩌다 신문이나 텔레비전에 출연해 달라는 요청이 오면 여러 핑계를 대며 거절했다. 잊히는 존재만큼 서글픈 존재가 없다는 생각이 들었기 때문이다.

무엇보다 그런 자리를 피한 것은 재미있게 강의할 자신이 없었기 때문이다. 사람들은 너 나 할 것 없이 재미있는 강의를 원하는 것 같았다. 유튜브도 대세는 얼마나 재미있느냐인 것 같고 베스트셀러 책도, 영화도 재미로 판가름 나는 것 같았다. 그렇게 생각하자 재미있게 강의하는 재주가 없는 나는 평생 사람들에게 알려질 일 없이 조용히 살다가 떠나겠구나 싶었다. 가끔 사람들 앞에 나서기도 전에 잊히기를 두려워하는 내 모습이 서글프기도 했다.

어느 날 스승께 인기 강사가 잊히는 까닭을 여쭤보았다. 그랬더니 전혀 생각하지 못했던 소크라테스 이야기를 난데없이 꺼내셨다.

"유명 강사들이 오래도록 인기를 누리지 못하는 이유가 있을까요?"

"소크라테스가 인기가 없어지는 거 봤어?"

"아니요."

"그래. 소크라테스가 아니라서 인기가 없어지는 거야."

번개처럼 한 생각이 머리를 스치며 지나갔다. 그래, 깊이구나. 깊은 지혜는 질리지 않는구나. 수천 년 동안 인간이 고민하는 문제를 깊고 깊게 들어가 풀어낸 지혜는 세월이 아무리 흘러도 인기가 사라지지 않는다. 공자도 아리스토텔레스도 석가도 예수도 인기가 떨어지지 않는다. 그것은 인간의 삶의 고통을 해소하고 해결하는 깊은 진리를 깨달아 전하기 때문이다.

그제야 알았다. 내가 두려워해야 할 것은 사람들에게 잊히는 것이 아니라 잊히지 않을 만큼 깊은 내공을 가지고 있지 않다는 것이었다. 그렇게 생각하자 사람들에게 유명해진다거나 잊히는 것은 다만 내 실력의 그림자에 불과하다는 것을 이해할 수 있었다. 내가 깨달은 수준만큼만 세상에 알려지고 잊힐 것이다. 이건 세상 사람들이 싫증을 내고 안 내고의 문제가 아니라 내가 공부한 삶에 대한 안목의 깊이가 문제다.

선생님에게 그 이야기를 들은 이후부터 나는 깊이를 더하는 공부를 하는 것이 내 생의 유일한 과제임을 분명히 알았다. 유명해지고 돈을 버는 것은 부수적이고 부차적인 문제였다. 남의 시선을 의식하지 않는 공부를 했고 어떻게 하면 다른 사람이 재미있어 할까를 신경 쓰지 않게 되었다. 내가 하는 강의와 상담에서 어떻게 이야기하느냐보다 중요한 것은 무엇을 이야기하느냐다. 마치 말이 어눌해도 말을 잘하는 사람이 있고, 말이 유창해도 말을 못하는 사람이 있는 것처럼 전하는 방법보다 중요한 것은 전하는 말의 깊이다. 깊을수록 울림이 크다. 그것이 사람들에게 우러나오는 재미를 느끼게 한다. 웃음

소리 한 번 나오지 않는 재미없는 강의도 내용의 깊이가 남다르면 사람들은 너도 나도 강의를 몇 번이고 찾는 법이다.

가톨릭 평화방송 라디오와 텔레비전에서 출연 제의를 받았을 때 나는 더 이상 뒤로 빼지 않았다. 출연하면서 공부하는 것이 혼자 공부하는 것보다 조금이라도 나를 더 깊게 만들 것임을 알았기 때문이다. 방송에 출연하면서 공부하는 양이 두 배로 늘었다. 청취율과 시청률이 엄청난 공영방송이나 케이블방송이 아니라 독실한 신자들이 주로 듣고 보는 방송이라는 점에도 마음이 가벼웠다.

어느새 방송을 진행하거나 패널로 나가기 시작한 지 5년이 넘어간다. 그동안 생방송 상담 코너를 주로 진행하면서 퀴즈쇼에 나가는 심정이었다. 생방송은 언제 누가 어떤 질문을 던질지 모르며 바로 대답해야 한다. 그때 나오는 대답은 즉석에서 만들어 내는 내공으로 나오지 않는다. 평소 공부를 통해 준비되어 있지 않으면 한마디도 할 수 없다. 그래서 나는 대답을 하는 동시에 스스로 공부가 어느 정도 되어 있는지 확인하면서 내 답에 대한 점수를 준다. 이 답은 낙제, 이 답은 90점. 점수가 낮으면 집으로 돌아오는 내내 얼굴이 화끈거리고 청취자에게 미안하다. '공부가 아직 짧아 당신의 고민에 이 정도의 답밖에 드릴 수가 없어 미안합니다, 미흡한 나를 인정하고 더 공부하겠습니다.'

요즘 매주 가톨릭 평화방송 「행복을 여는 아침」 수요일 고정 패널로 상담 코너에 출연한다. 이제는 마음이 편안하다. 진행하는 아나운서와 햇살 좋은 카페 모퉁이에 앉아 이야기를 나누는 기분이 들기 때문이다. 아는 척할 필요가 없다. 청취자가 귀신처럼 눈치챈다. 모른다고 겸손한 척할 필요도 없다. 역시 청취자는 안다. 딱 아는 만큼 말하면 되니 얼마나 편한지 모른다.

재미없어도 된다. 의미가 있다면 만족한다. 사실 제대로 된 재미란 삶의 이치를 깊이 헤아리는 의미에서 우러나오는 기쁨이다. 터져 나오는 반짝임인 재미가 없어도 의미가 점점 깊어진다면 재미는 솔솔 피어오를 것이다. 재미는 재능이 필요하지만 의미는 노력이 필요하다. 누구라도 의미 있는 사람이 될 수 있다. 스승의 소크라테스 이야기 덕분에 지금 나는 의미를 발견하는 즐거움으로 참 재미있게 산다.

부부 사이에
절대 하면 안 되는 말

먼저 세상을 떠나는 남편의 이야기를 담은 다큐 프로그램을 아내와 함께 보는 중이었다. 다큐 속 남편이 아내에게 '미안하다', '고마웠다'는 말을 남기는 장면을 보면서 아내에게 물었다.

"여보, 내가 먼저 세상을 떠나면 당신에게 무슨 말을 남기고 떠날까?"

"아무 말도 하지 말고 가요. 지금까지 들을 말 다 들었으니 애쓰지 말고 그냥 말없이 떠나요."

나는 아내 말에 큰 소리로 웃었다.

20년 가까이 결혼 생활을 하면서 내가 아내에게 가장 마음을 많이 쓴 것도, 가장 점수를 많이 받은 것도 같은 것이었다. 그것은 말이었다. 배우자에게 말을 예쁘게 하면 사랑받는다는 것은 동서고금의 변함 없는 진리라고 믿기에 아내에게 예쁘게 말하는 데 많은 에너지를 써왔다.

시험에 자주 출제되는 문제가 있듯이 내가 아내에게 자주 하는 문장 몇 가지가 있다.

첫 번째는 '당신이니까 이 정도 하지.'라는 말이다. 아내는 이 말을 아무리 많이 들어도 질려 하지 않는 것 같다. 사람이 신과 다른 점은 완전하지 않다는 데 있다. 그래서 사람은 자신에 대해 불안한 마음을 늘 가지고 있다. 그것은 '혹시 내가 못 하면 어떻게 하지?'라는 걱정으로 자리 잡는다. 계란 후라이 하나를 만들어도 이게 맛있게 잘되었나 염려되는 게 사람 마음이기에 가장 듣기 싫은 말은 "겨우 이것밖에 못했어?"라는 말이다. 그러지 않아도 걱정하는 사람에게 이 말을 하면 폭탄을 퍼붓는 격이다. 설령 제대로 못해서 이 말을 했다 하더라도 이 말은 듣는 사람을 발끈하게 만든다. '그럼 네가 해보든가.' 하는 반발심마저 든다. 요리든, 일이든 아내가 한 것에 대해서는 '당신이니까 이 정도 하지.'라고 말한다. 이 말에 아내는 불안한 마음이 사라지고 안정감과 자신감을 느낀다. 그리고 그런 마음을 가지게 해준 남편을 고마워하고 좋아한다. 말 한마디로 아내의 사랑을 받는데 하지 않을 남편이 어디 있을까.

두 번째는 '당신이 제일 예쁘다.'라는 말이다. 이 말도 아내는 지겨워하지 않는다. 제주도에 출장을 가서 아내에게 전화했다.

"여보, 이상한데?"

"왜?"

"왜 제주도에 당신보다 예쁜 여자가 없지?"

아내는 한술 더 떠서 말했다.

"거기만 없어?"

"아, 맞다. 서울에도 없지."

예쁘다는 말은 상대적인 미의 기준이다. 실제 예쁜가 예쁘지 않은가 보다 훨씬 더 중요한 것은 남편이 아내를 예쁘다고 생각하고 스스로도 예쁘다고 생각하는 것이다. 그러면 됐다. 같이 사는 남편이 '예쁘다, 예쁘다' 하면 아내는 '진짜 내가 예쁜가' 하다 어느 순간 예쁘다고 생각한다. 그것이 사람의 마음이다. 반대로 남편이라고 다르지 않다.

세 번째는 '내가 복이 많아서 당신 같은 여자를 만났지.'라는 말이다. 돌아가신 장모님이 나에게 몇 번이고 하셨던 이야기는 "이 서방이 착하게 살았으니까 우리 딸을 만난 거야."라는 말씀이었다. 이제 유언이 된 장모님 이야기를 떠올릴 때마다 정말 내가 악하게 살았으면 이렇게 좋은 사람을 아내로 만났을까 하는 생각이 절로 든다. 결혼하기 전부터 복덩이를 줄인 말 '복디'라고 아내를 부른 나는 결혼 후에는 시간이 날 때마다, 아내가 조금이라도 나를 위해 무언가를 해줄 때마다 내 복이 많아서 당신을 만났다는 이야기를 잊지 않고 했다.

이 세 문장을 아내에게 자주 하니 어지간한 갈등은 눈 녹듯이 사라졌다. '평소 열심히 좋은 말로 나를 기분 좋게 해줬으니 네 허물을 용서하노라.' 하는 아내의 말이 들리는 것만 같았다. 한번은 친척 누나로부터 연락이 왔다. 남편이 다 잘하는데 가끔 말을 가슴 아프게 할 때가 있다며 네가 아내에게 말을 잘하니 우리 남편도 너처럼 말 예쁘게 하라고 상담해 줄 수 없겠냐는 것이었다. 이 사실을 아내에게 자랑했다.

"여보, 다 잘하는데 말을 못되게 하는 남편을 상담해 달라고 하시네. 내가 말을 예쁘게 잘하긴 하지?

"내가 친척 누님께 먼저 전화할까?"

"왜?"

"'다 잘하는데 말만 못하는 남편과 다 못하는데 말만 잘하는 남편을 바꾸실래요?'라고 물어보려고."

나는 얼굴이 빨개져서 물었다.

"바꿀 거야?"

아내는 배시시 웃으며 말했다.

"아니, 난 그래도 말 잘하는 당신이 더 좋아."

휴우, 놀란 가슴을 쓸어내렸다. 그리고 기분이 좋아졌다. 아내의 말이 5월의 라일락 향처럼 향기로웠다.

아이가 좋아하는
부모가 되고 싶다면

자식이 제일 미울 때는 언제일까. 내가 싫어하는 나의 모습을 자식에게서 발견할 때다. 욱하는 아버지는 아들도 욱하는 행동을 할 때 괜히 아이가 미워진다. 자식에게 제일 미안할 때는 언제일까. 내가 못하는 것을 자식도 못할 때다. 음치인 아버지는 노래를 못 부르는 아이를 볼 때 괜히 미안해진다. 그러면 자식에게 제일 감동할 때는 언제일까. 내가 자기에게 무언가 해주는 걸 좋게 그리고 크게 봐줄 때다.

얼마 전 아들에게 물었다.

"승준아, 아빠는 어릴 때 수학을 진짜 못했어. 네가 태어나고 속으로 걱정했지. 아빠 닮아서 얘도 수학을 못하면 어쩌나. 그런데 네가 수학을 좋아해서 이젠 걱정이 없어졌어."

"헤헤."

"나중에 네가 아이를 키운다면 넌 무엇을 걱정할 것 같아?"

"음, '나도 아빠처럼 아이를 키울 수 있을까?' 하는 거."

아들이 두 번째로 나를 울컥하게 하는 순간이었다.

아들이 처음으로 나를 울컥하게 한 건 초등학교 6학년 때다. 저녁에 안방으로 자러 가려는 나를 부르더니 아들이 말했다.

"아빠, 나 오늘 재워주고 가면 안 돼?"

"아, 되지."

불을 끄고 팔베개를 하고 아들을 눕혔다. 아들이 나를 불렀다.

"아빠?"

"왜?"

"아빠!"

"왜?"

"아빠?"

"아, 왜에?"

"'아빠' 하고 부르면 행복해서."

순간 뜨거운 것이 눈에서 주르르 흘렀다. 미처 눈물을 닦을 새도 없이 내 속에서 힌마디가 흘러나왔다.

'난 이제 지금 죽어도 되겠다.'

아들에게 받은 그날의 그 말을 지금도 생생히 기억한다. 죽어도 여한이 없다는 생각도 또렷이 떠오른다.

세 번째로 울컥했던 때를 회상하면 이렇다.

"아빠에게 점수를 준다면 몇 점을 주고 싶어?"

내가 묻자 아들은 가만 나를 보더니 또박또박 힘주어 말했다.

"101점!"

숨이 턱 막혔다. 이게 정말 현실인가 볼을 꼬집고 싶었다. 나도 모르게 물었다.

"왜 101점이야?"

아들은 101점을 준 이유로 세 가지를 말했다.

"첫째, 아빠는 나를 믿어서 뭐든지 해보라고 했잖아. 그 뒤에 잘해도 괜찮다고 하고, 못해도 괜찮다고. 못하면 꼭 배울 게 있다고, 무엇 하나 배웠으면 그게 잘하는 거라고. 아빠가 그렇게 말해서 뭐든지 겁내지 않고 할 수 있었거든.

둘째, 아빠는 항상 내 말을 끝까지 듣잖아. 아빠가 아무리 상담을 많이 하는 전문가이고, 다른 사람 마음을 읽어주는 사람이라도 내가 하는 말이나 행동을 보고 화가 날 일이 많았을 텐데 화내지 않고, 왜 그렇게 했는지 먼저 물어보고 끝까지 들었어. 마지막에는 '승준아, 더 할 말 없니?' 하고 내가 하고 싶은 말을 다 하게 해서 억울한 마음이 들지 않았어.

셋째, 아빠는 결과를 가지고 뭐라고 하지 않았잖아. 점수를 잘 받아도 노력하지 않고 받았다면 그건 낮은 점수일 뿐이고, 점수를 못 받아도 노력해서 받았으면 그건 100점이라고 했잖아. '승준아, 결과는 네 것이 아니야. 과정만 네 거야.'라고 여러 번 말해줘서 무슨 시험을 쳐도 '아, 결과는 내 것이 아니다.' 이렇게 생각하게 되었어. 점수가 잘 나와도 기분이 좋지만, 못 나온다고 해도 기분이 나쁘지 않았어. 그럴 때마다 아빠가 말해준 게 도움이 되었어."

사실 나는 아들의 말을 들으면서 기쁘기보다는 아들이 무섭다는 생각이 들었다. 어린 것이 뭘 알겠느냐 생각한 것이 거대한 착각임을 깨달았기 때문이다. 아들은 아빠가 하는 걸 다

보고 듣고 기억하며 영향을 받고 있었다. 나는 마흔이 넘어 아들이 생겼기에 아내가 아들을 임신했을 때부터 어떻게 키워야 좋을끼 고민했다.

그리고 마침내 하나의 결론에 도달했다. 아이를 '~살짜리'로 키우지 말고 '~살 나신 분'으로 키워야겠다고. 몇 살짜리로 키운다면 함부로 대할 수밖에 없지만 몇 살 나신 분으로 키운다면 함부로 대할 수 없을 것이다. 나와 동등한 분이기 때문이다.

아들이 태어나던 해 우리 집에는 세 분이 살았다. 한 살 나신 분과 서른다섯 나신 분 그리고 마흔 나신 분. 아들의 나이가 비록 한 자리 숫자에 불과해도 함부로 대할 수 없었다. 기저귀를 갈 때도 말 못하는 아들에게 물었다.

"아빠가 이제 기저귀를 갈아주려는데 괜찮겠니?"

못 알아들을 말로 옹알이를 하는 아들의 상태를 보며 말했다.

"응, 그래, 알았어. 조금 있다 갈아줄게."

나보다 마흔 살 어린 분에게 무엇을 할 때 '괜찮겠니?' 하고 묻는 습관이 어느새 아들 나이만큼 세월이 흘렀다.

나는 아들이 유치원 때나 초등학교 때 부모가 생각하는 아이의 장래 희망란에 항상 똑같은 희망을 적었다. 그것은 '좋은 남편, 좋은 아빠'였다. 30년 동안 부부나 부모, 자녀를 대상으로 하는 상담을 직업으로 하다 보니 사회적 지위가 높고, 많은 권력과 돈을 가진 사람이라도 예외 없이 좋은 남편, 좋은 아빠가 아니라면 불행감을 느끼는 것을 보았다. 행복하게 살기 위해서는 좋은 남편과 아빠가 되는 것이 가장 중요하다고 생각한다.

아들은 어리기에 좋은 남편과 아빠가 어떤 사람인지 알지 못한다. 내가 모델이 될 수밖에 없다. 아들에게 101점, 닮고 싶은 아빠라는 이야기를 듣고 나서 분명히 알았다. 아들과 딸을 '한 분'으로 생각하고, 함부로 대하지 않는다면 어떤 부모라도 101점 엄마, 아빠가 될 것임을.

오십 이후를
즐겁게 하는 취미 생활

　나이가 들수록 즐거움이 줄어든다는 것은 몸이 약해지는 것만 생각해서 하는 말이다. 나이가 들면 몸이 약해지는 대신 정신이 여유로워진다. 이뿐만 아니라 사람들과의 관계도 의무적인 관계에서 자유로운 관계로 선택의 폭이 넓어진다. 내가 무엇을 선택하느냐가 노년의 삶을 좌우한다. 나에게 어떤 선택을 선물할 것인가를 고민하는 것은 즐거운 노년을 위한 첫 번째 질문이다. 나도 나에게 즐거운 노년을 선물하기로 마음먹고 몇 가지 취미 생활을 규칙으로 정해 살고 있다.

하나, 먹방 DAY

"너는 오십 넘어 즐거운 게 뭐가 있냐. 난 말이다. 육십이 넘으니까 먹는 거밖에 즐거운 게 없더라."

정년을 얼마 앞둔 선배 교수가 어디 맛있는 데 없냐며 내게 말했다.

"저는 근무 마치고 집에 가서 저녁에 아내랑 밥 먹을 때가 제일 좋더라고요. 좋아하는 사람이랑 맛있는 거 먹을 때만큼 좋을 때가 없는 거 같아요."

한창 열심히 학생들을 가르치는 후배 교수가 살면서 뭐가 제일 좋은지 내게 말했다.

나는 두 이야기가 모두 공감이 되어 아내와 한 달에 두 번 평일에 '먹방 DAY'를 정해 '먹방 여행'을 떠나고 있다. 오늘은 서울숲, 다음은 김포처럼 서울과 가까운 경기도 도시를 정해 맛집을 찾아간다. 사람들이 상대적으로 적은 평일 낮에는 줄을 길게 서지 않아도 맛집에서 점심을 즐길 수 있다. 가본 맛집들에 대한 추억을 아내와 하나둘 쌓다 보면 노년 식테크로 먹방 DAY만 한 것이 없음을 깨닫는다. 갈 때는 내가 운전하고 올 때는 아내가 운전한다. 오는 길에 근처 예쁜 카페에 들러 빵과 커피를 마시며 몇 시간씩 수다를 떨다 보면 제법 신혼 기분이 새록새록 든다. 아내는 다음에는 어디에 갈지 주위에 수소문하고, 검색하는 즐거움에 격주마다 하는 먹방 DAY가 설렌다고 말한다.

둘, 그림 그리기

"그림 그리는 게 재미있는데 학원에 가서 제대로 배워볼까요?"

"절대 가면 안 된다."

"왜요?"

"학원에 가서 배우면 남 그림을 그리게 된다."

스승께 그림 그리는 것이 재미있다며 여쭤봤더니 돌아온 대답은 미술학원에 가지 말라는 것이었다. 스스로 그려 나가는 것이 자기만의 그림이라면서 돈 들이고 시간 써가며 남들이 그리는 방법을 배우러 가지 말라고 했다.

나는 선생님 말씀에 고개를 끄덕였다. A5 크기의 스프링 노트와 만년필을 가방에 늘 가지고 다니며 카페에서나 어디에 앉아 시간이 나면 끄적끄적 그림을 그린다. 만년필과 빈 여백의 작은 노트 하나만 있으면 어디에 있든 무엇을 하든 그림을 그릴 수 있으니 편하고 즐겁다.

아무런 목적 없이 일상생활에서 사물을 보다 문득 떠오르
는 인생의 이치를 그림과 글로 남기는 일은 그 자체가 목적이
기에 부담이 없고 재미만 있다. 남은 인생 동안 부담 없고 재
미있는 나만의 그림 그리기와 글쓰기를 이어갈 생각이다.

셋, 테마 여행

대학원 다닐 때 시각장애를 가졌던 교수님은 조교였던 나
를 조용히 따로 불렀다.

"내가 보지는 못하지만 듣는 건 기가 막히게 잘 듣잖아. 그
래서 말인데, 함께 '귀 여행'을 다니는 모임을 하나 만들면 어
떨까. 귀 명창 모임 말이야. 난 남도 시골 같은 데 가서 어르신
들이 농사지을 때 부르는 노래나 창을 같이 듣고, 그분들 살아
가는 이야기를 듣고 싶어. 어때?"

안타깝게 이미 세상을 떠나셔서 선생님과 귀 여행은 떠나
지 못했지만, 한 주제를 잡아 전국을 여행하겠다는 선생님의
뜻은 내 가슴에 고스란히 남았다. 올해는 대학 캠퍼스를 구경
하는 여행이라고 테마를 정하면 각 지방의 대학교를 다니며

자판기 커피도 마시고, 운이 좋으면 학생들과 대화도 나눌 수 있다.

매해 다른 주제를 정해 전국을 여행 다닌다면 안목도 늘고, 해당 주제에 대한 지식도 늘어나니 두 마리 토끼를 잡을 수 있다. 나는 그런 테마 여행을 연초부터 계획한다. 무슨 테마로 매해 여행 콘셉트를 잡을지 아내와 나는 새해가 되면 벌써 설레는 마음 여행을 시작한다.

내 일상을 반짝반짝 빛나게 할
취미 생활 만들기

☐

☐

☐

☐

☐

- [ ]

- [ ]

- [ ]

- [ ]

- [ ]

4장

죽을 때까지 설레고
재미있을 수 있다면

재미있게 살겠다는 것은
어떻게 죽을 것인가에 대한 답이다

보름간 캐나다로 여행을 갔다가 백인들만 사는 어느 부촌, 멋진 저택에 살고 있는 교민 회장님 댁에 며칠 머물렀다. 한국으로 돌아오기 전날 차나 한 잔 하자면서 사모님과 대화를 나눴는데 뜻하지 않게 이번 여행에서 최고의 가르침을 얻었다.

"저는 내일만 바라보고 살았어요. 그러다 보니 여기 사는 40년간 하루도 걱정과 불안 없이 지낸 적이 없었는데 캐나다 사람들은 저랑 달라요."

"무엇이요?"

"여기 사람들은 오늘만 바라보고 살아요. 그래서 이전보다 특별히 좋은 집에 살거나 많은 돈을 벌지 않죠. 처음에는 한심하다고 생각했어요. 저희 부부가 단돈 50만 원만 가지고 캐나다에 처음 왔을 때 살던 동네의 존 부부는 여전히 그 동네에서 평범하게 살죠. 그런데 지금은 누가 한심한지 잘 모르겠어요."

"왜요?"

"존은 그때나 지금이나 싱글벙글 웃거든요. 자기 집이 없어도 동네 사람들과 와인을 마시며 오늘을 즐기고, 주말이면 요트를 빌려 햇살을 마음껏 누리죠. 40년 동안 매일 웃으며 살아요.

저는 그 동네를 떠나 지금은 남부럽지 않게 살지요. 수영장이 딸린 이 넓은 집에서 살고 아이들도 영국 명문대로 진학하고, 남편도 레스토랑을 두 개나 운영하는 부자지요. 그런데 40년간 늘 근심을 달고 살아 얼굴에 주름이 가득하죠. 하루도 마음껏 웃은 날이 없었어요. 내일만 바라보고 살았으니까요. 요즘 문득 울적해요. 난 뭘 하고 살아왔나 싶어서요."

물질적인 부를 이뤄 교민 사이에서 출세한 집으로 손꼽히는 교민 회장 사모님의 이야기는 나에게 한 번도 생각하지 못한 새로운 시선을 가지게 했다. 서울로 돌아오는 비행기 안에서 나에게 약속했다. '죽을 때 후회하는 삶을 살지 말자. 내일

만 보지 말고, 오늘만 보면서 살자.'

그 후 나는 25년째 나와 한 약속을 지키려 애쓰며 살고 있다. 모두 내일을 향해 오늘을 희생하는 것이 당연한 사회에서 나와의 약속을 지키기란 쉽지 않았다. 만나는 모든 사람이 그렇게 살면 안 된다고 덤벼드는 느낌을 하루에도 몇 번씩 받곤 한다. 즐겁게 무엇을 하려고 하면 주변에서 당장 필요하지도 않은 쓸데없는 일을 하면 안 된다고 만류했고, 아내조차 일 벌이는 나를 이해하지 못했다.

나는 당장 필요 없는 일을 만들고 쓸데없는 짓을 벌이며 돈도 안 되는 일을 돈을 써가면서 하는 괴짜 친구요, 남편이었다. 그래도 굽히지 않고 할 수 있었던 건 언제 죽을지 모른다는 생각 때문이었다. 오늘 죽는다 해도 후회하지 않게 살아야겠다는 생각 하나가 나를 오늘만 보고 사는 사람으로 이끌어 주었다.

재미있게 산다는 것은 다른 사람의 욕구를 무시하고 나만 쾌락을 느끼며 사는 것이 아니다. 누구에게도 해를 입히지 않는 것을 전제로, 그 위에서 무엇에도 통제받지 않고 내 마음 가는 대로 사는 것이다. 나의 생각과 행동에 내가 흔쾌해지는 일상을 사는 것이다.

재미있게 살기 위해 내가 제일 먼저 버린 것은 고정된 직장이었다. 고정된 월급을 받는 직장은 좋든 싫든 나를 고용한 사람의 말을 들어야 한다. 그것은 나를 나답게 하는 데 걸림돌이 되었다. 명함을 버리고 나니 나는 무엇으로도 규정할 수 없는 자유인이 되었다. 하는 일이 N개만큼 많다는 의미의 'N잡러'라는 말이 유행할 때 누가 나를 엿보고 이 말을 만들었다고 생각했다. 나조차 내가 어떤 일을 하는 사람인지 모르는데 누가 내가 무얼 하는 사람인지 알겠는가. 나는 언제부터인가 오늘 하루만 살 것처럼 살아가는 N잡러로 살고 있다.

　　언젠가 정형외과 원장으로 있는 친구가 나를 만나자마자 "서원아, 너 지금 죽을 수 있냐?"라고 물었다. 나는 누군가 그렇게 물어주기를 기다린 사람처럼 "응, 난 지금 죽어도 좋아!"라고 말했다. 내 친구는 하루하루를 의사로 충실하게 살던 사람이었다. 퇴근하고 집에 가면 어린 두 딸과 놀아주며 평범한 저녁 시간을 보냈다. 아이들이 잠들고 나면 새벽 2시까지 오늘 본 환자들의 차트를 검토하고 난치병에 대한 외국 학술지와 동향을 분석했다. 틈이 나면 서울에 올라가 최근 의학 동향과 기술을 배우고 익혀 명의로 소문이 자자했다. 언제 죽어도 좋다고 생각할 만큼 하루를 꽉 채운 장인으로서의 삶을 오랫동안 살고 있었다. 나는 친구의 물음이 마음에 들었다.

그러면서 친구와 나의 같은 점과 다른 점에 대해 생각했다. 누가 시키는 삶이 아니라 내가 만드는 나의 삶을 충실하게 살아간다면 같은 일을 매일 반복하는 친구나 매일 다른 일을 흥분하며 하는 나나 똑같이 죽음이 두렵지 않다는 걸 이해하게 되었다. 죽음을 준비하는 가장 좋은 방법은 미련이 남지 않고 후회가 남지 않는 하루를 사는 것이다.

150년 전 철학자였던 쇼펜하우어는 '우리는 인생의 3/4을 남의 인생을 살다가 나머지 1/4은 내 인생을 살지 못했음을 후회하며 죽는다.'는 말을 남겼다. 나는 자주 이 말을 내 식으로 바꿔 이렇게 표현하고 있다. 우리는 인생의 3/4을 복사본으로 살다가 나머지 1/4을 원본으로 살지 못했음을 후회하며 죽는다.

50대를 살아보니 재미있게 살겠다고 결심한다고 재미있게 사는 게 아니었다. 재미와 행복은 목적이 아니라 결과이기 때문이다. 하다 보니 재미있고, 하다 보니 행복한 것이지 재미있게 살겠다고 힘을 주면 재미없는 삶이 된다. 오늘 하루만 살자는 마음으로 내 마음이 가는 대로 말하고 움직이는 삶, 물질적인 부를 남과 비교하지 않고 내가 말하고 움직이는 데 걸림이 없을 정도면 고마워하는 삶은 잘 죽기 위한 1등 상품이다. 오늘만 살며 재미를 느끼다가 가볍게 세상 소풍을 마치고 싶다.

행복한 유년 시절이 없어도
행복한 중년 시절은 가능하다

유년 시절이 불행했으면 중년 시절도 불행하게 보내는 게 정상일까, 행복하게 보내는 게 정상일까. 나는 불행하게 보내는 게 정상이라고 생각한다. 일반화하기는 어렵지만 오래도록 상담을 해보니 열에 아홉 꼴로 유년 시절이 불행했던 사람은 중년과 노년을 불행하게 보내고 있었다.

"저는 드르륵 문 여는 소리가 들리면 머리가 하얘집니다."

머리가 희끗희끗한 일흔을 바라보는 어르신이 고통을 견디다 못해 상담실을 찾았다.

"그래서 우리 집에는 인테리어 공사를 싹 했어요. 문을 열고 닫을 때 어떤 소리도 나지 않게 했죠. 집이 아주 절간 같습니다."

"어떻게 하다가 그렇게 되셨을까요?"

"어릴 때 아버지는 너무 무서운 폭군이었어요. 술이 거나하게 취해서 들어오면 닥치는 대로 부수고, 엄마를 패고 우리를 팼죠. 아버지의 드르륵 문 여는 소리가 들리면 이제부터 곡소리가 시작된다는 걸 알게 됐죠. 그 후로 자라면서 저는 소리에 너무 예민해졌어요. 조금만 큰 소리가 나면 화들짝 놀라는 마음의 병이 생겼죠. 회사를 나온 것도 정말 웃기는 게요. 드르르 드르륵 문소리가 많이 나는 작은 회사라 견딜 수가 없어서였지요."

어린 시절 이후 큰 소리에 화들짝 놀라는 증상이 60년 가까이 이어지고 있었다. 그에게 내가 권한 방법은 방 하나를 음악실로 만드는 것이었다. 경제적 여유가 있는 분이라 고가의 스피커와 음향기기를 사서 음악 전문가의 코치를 받아 음악을 듣는 취미 생활을 시작했다. 잔잔하고 평화로운 음악, 사람 소리가 나지 않는 클래식 음악을 듣기 시작하면서 소리에 대한 예민함이 조금씩 줄어들었다. 상담을 마치고 2년 정도 지났을 무렵 그가 다시 상담실을 찾았다. 이번에는 상담을 하러 온 것이 아니라 감사드리러 왔다며 꽃다발을 건네셨다.

"선생님 더분에 제가 많이 편해셨어요. 소리에 별로 놀라지 않게 되었죠. 그때 선생님이 음악실을 만들어 보라고 권하신 덕분입니다."

2년 전 날카롭던 얼굴은 어느새 편안한 표정이 되어 있었다. 그가 나간 후 한참 생각에 잠겼다. 상담하면서 깨달은 두 가지 모순된 진리가 있는데, 하나는 사람은 안 변한다는 것이고 다른 하나는 사람은 변한다는 것이다. 지금 생각하면 그 두 가지는 서로 다른 말이 아니라 같은 말이다. 사람의 변화는 말처럼 쉽지 않지만 아예 불가능한 것은 아니다. 다만 변화가 가능하기 위해서는 상상을 초월하는 경험과 노력이 요구될 뿐이다.

변화가 가능하려면 먼저 목숨을 걸고 오래도록 함께하는 친구가 필요하다. 수백 번 말도 안 되는 내 말에 끄덕이며 다 받아주는 한 사람이 있다면 사람은 서서히 변화한다. 다음으로 인격의 변화가 없으면 사람은 변하지 않는다. 더 나은 시선으로 자기에게 일어난 일을 바라보고 더 깊은 안목으로 겪은 상처를 풀어내는 스스로를 바라보면 변화가 일어난다. 그래서 나는 상담실을 상담실이라 생각하지 않고 '인격의 인큐베이터'라고 생각한다. 나를 더 낫게, 더 깊이 바라보는 인격을 가지면 나에게 일어나는 어려움은 스르르 사라질 수 있다. 마지막으로 좋은 방법을 찾으면 사람은 변한다. 그에게 좋은 방법은 나쁜 소리를 없애려 애쓰는 대신 좋은 소리로 대체하는 방법이었다. 이것을 알고 실천하니 평생 마음을 힘들게 했던 소리에 대한 공포가 기쁨으로 변한 것이다.

상담자는 이 세 가지를 모두 이끌어 내는 역량을 갖춰야 한다. 카를 구스타프 융은 '환자는 의사의 인격을 넘어설 수 없다.'라는 명언을 남겼다. 상담자의 인격이 어느 단계에 있느냐에 따라 마음의 고통을 호소하는 사람의 치유 정도가 결정된다. 그래서 나는 상담자는 쉴 자유도, 공부를 멈출 자유도 없다고 생각한다. 내가 깨달은 깊이만큼 내담자를 깨닫게 할 수 있고, 내가 도달한 인격만큼 내담자에게 감화를 줄 수 있기 때문이다. 끊임없이 다양한 방법에 대한 고민을 지속해야 한다.

꼭 상담자를 남으로 정할 필요는 없다. 내가 나의 가장 좋은 상담자이기 때문이다. 그러려면 나의 유년 시절이 불행했다고 해서 중년도 불행할 것이라고 생각하지 않아야 한다. 굶

주린 범이 먹이를 찾듯, 전쟁 나간 아들을 어머니가 기다리듯이 불행을 벗어나 행복해질 방법을 찾는 순간 그는 세상에서 가장 뛰어난 상담자가 된다. 아무리 뛰어난 상담자라도 자신만큼 자기에게 관심을 가질 수 없고 헌신할 수 없다. 나에 대한 지칠 줄 모르는 관심과 지치지 않는 헌신은 내가 나를 구하는 최고의 명약이다.

집안의 장남으로 부모와 형제에게 잘하는 것만이 삶의 이유라고 생각하던 대기업 임원이 상담을 왔다. 상담을 통해 그는 스스로에게는 만 원짜리 하나 쓰기도 달달 떨면서, 부모와 형제에게는 수백만 원짜리 선물과 용돈을 드리는 건 전혀 아까워하지 않는다는 것을 발견했다. 이것이 말이 되지 않는다는 걸 깨달았고 이렇게 된 이유가 어린 시절부터 모든 책임을 떠안았던 습관 때문이라는 것을 알게 됐다. 돈이 있어도 쓰지 못하는 자신의 불행이 실은 자신이 만든 마음의 덫이었다.

그러고 나서 그가 제일 먼저 한 일은 마음에 드는 좋은 운동화를 산 것이다. 운동화에 어울리는 좋은 옷도 샀다. 태어나 처음으로 돈 쓰는 즐거움을 만끽했다. 이후 취미 활동과 외식과 여행을 하며 자신을 위한 돈을 쓰기 시작했다. 점점 그의 얼굴이 밝아졌다.

불행한 유년 시절이 불행한 중년 시절을 가져오는 게 아니다. 내가 나에 대해 깊이 생각하지 않고 무심하게 그때 아로새겨진 불행만 반복하며 사는 것이 불행한 중년 시절을 살게 한다. 깊이 되돌아보는 성찰과 더 나은 선택으로 불행한 어제를 행복한 오늘로 바꿀 수 있다. 불행이 불행을 가져오는 게 아니라 불행을 바라보는 나의 습관이 불행을 가져온다. 중년의 행복은 내가 하는 선택의 결과일 뿐이다.

어떤 선택을 해도
결국은 51 대 49

"별 차이 없어요."

몇 달간 유명한 선생님에게 명리학을 배웠다. 상담하면서 명리학을 배워 접목하면 나만의 개성 있는 상담을 할 수 있을 것 같은 얄팍한 생각에 시간을 냈다. 결과는 참패였다. 한자로 가득한 내용을 복습하지 않았더니 무슨 말인지 알아듣지 못하는 시간이 쌓여 결국 배우기를 포기했다. 운명의 이치인 명리는 제대로 배우지 못했지만 분명히 깨달은 삶의 이치 두 가지가 있었다. 이 두 가지는 이후 내 삶의 나침반이 되었다.

첫 번째는 별 차이가 없다는 가르침이었다. 이것을 택하나 저것을 택하나 별 차이가 없다. 중식당에 가서 짜장면을 택하나 짬뽕을 택하나 별 차이가 없다. 그런데도 우리는 죽느냐 사느냐 문제처럼 심각하게 짜장면을 먹을까, 아니 짬뽕을 먹을까를 고민한다. 뭘 먹어도 비슷하고, 선택한 후에는 만족감 못지않게 아쉬움이 남는다.

삶도 짜장면이냐 짬뽕이냐 망설이듯 선택해야 하는 일의 연속이다. 오죽하면 프랑스 철학자 사르트르는 인생은 삶과 죽음 사이의 선택일 뿐이라고 말했을까. 그러다 보니 선택할 때 고민하고 망설인다. 결혼할까 말까, 공부를 계속할까 그만둘까. 작고 사소한 선택에서부터 배우자의 선택, 진로의 선택처럼 큰 선택에 이르기까지 우리는 고민한다. 그런데 명리학 선생님은 무엇을 선택해도 비율로 말하면 6 대 4, 심하게 말하면 51 대 49의 차이밖에 나지 않는다고 한다. 결혼해서 못 사는 사람은 혼자 살았어도 못 살았을 거다. 진학해서 공부를 잘하는 사람은 취직해서 일을 했어도 잘했을 거다. 사람은 쉽게 변하지 않기 때문에 무엇을 선택해도 그리 큰 차이가 나지 않는다.

나는 산사에 5년간 살면서 스님이 되려고 했는데 그때 스님이 되었어도, 자식을 낳지 않았거나 혹은 하나가 아닌 둘을 낳았어도 내 삶과 희로애락에 있어서는 별 차이가 없었을 것이다. 이 이지가 맞느냐 틀리느냐를 떠나 내 삶을 즐겁게 살아가는 데는 큰 나침반이 되었다. 무엇을 해도 별 차이가 없다면 내가 좋아하는 것을 선택하면 된다. 선택이 아주 간단하고 쉬워졌다.

배우 짐 캐리의 아버지는 회계사였다. 아버지의 어린 시절 꿈은 배우였는데, 부모와 주위 어른들의 반대에 회계사가 됐다. 그러나 대공황이 닥쳐 아버지는 일자리를 잃고 실의에 찬 날들을 보냈다. 가난한 어린 시절을 보냈던 짐 캐리는 아버지를 보면서 깨달았다. 어차피 실패할 것이라면 싫은 걸 하다가 실패하는 건 비참하다는 사실이었다. 실패해도 좋은 걸 하다가 실패하는 게 훨씬 남는 장사다. 그는 실패하더라도 자신이 좋아했던 배우의 길을 가기로 결심했다. 각고의 노력 끝에 세계적인 배우가 된 짐 캐리는 다른 걸 선택했어도 그 분야에서 이름을 날리는 뛰어난 성과를 올렸을 것이다. 사람이 다르지 않기 때문에 이 일을 하든 저 일을 하든 그 일에서 이루는 성취 정도는 별 차이가 없기 때문이다.

명리학 선생님에게 배운 다른 하나의 이치는 사주와 팔자에 대한 가르침이다. 사람에게 사주는 타고난 운명이라 바꿀 수 없다. 이에 비해 팔자는 '팔자를 고친다'는 말처럼 사람이 바꿀 수 있는 운명이다.

이 가운데 더 중요한 것은 사주가 아니라 팔자다. 사주가 좋은 사람은 자동차로 말하면 벤츠 사주다. 사주가 나쁜 사람은 자전거 사주다. 그런데 아무리 벤츠라도 벌목하기 위해 산에 임시로 낸 길, 임도를 만나면 제 속도를 내지 못한다. 사주는 좋은데 팔자가 영 시원찮아 제대로 살지 못하는 것이다.

반면에 팔자를 잘 고치는 사람은 자전거 사주여도 고속도로 내리막길을 가는 팔자가 되어 시원하게 달린다. 이때 팔자는 마음가짐이다. 착하고 좋은 마음을 내어 자신을 대하고 다른 사람을 대하면 팔자가 펴진다.

운명에 같은 길을 내도 다른 사람을 해치고 이득만 취하려는 나쁜 마음을 내면 산속에 임도를 내는 것과 같아 좋기만 한 자기 사주를 깎아먹는다. 반대로 다른 사람에게 웃음을 주고 나에게도 즐거움을 주는 좋은 마음을 내면 고속도로를 내는 것과 같아 나쁜 자기 사주도 최대치가 되도록 살려준다.

명리학 선생님이 가르쳐 준 두 가지 이치를 합하면 뭘 택해도 별 차이가 없지만, 어떤 마음가짐으로 선택하느냐가 운명을 가르는 결정적인 차이를 가져온다는 말이다. 선한 마음으로 선택하면 뭘 택해도 좋고, 악한 마음으로 선택하면 뭘 선택해도 고통스러운 일이 생긴다는 이치다.

나는 이 두 가지를 일상에 적용하는 삶을 살고자 마음을 쓰고 있다. 선택할 때는 가볍게 한다. 무엇을 선택하느냐에 대해 고민하는 시간을 줄이고 어떤 마음으로 선택할지 생각하는 시간을 길게 가진다. 나의 선택으로 나도 웃고 남도 웃는가 아니면 나는 웃지만 남은 우는가를 생각한다. 나도 웃고 남도 웃는 선택이라면 마음에 드는 것으로 미련 없이 선택한다. 그리고 결과는 담담하게 받아들인다. 다른 걸 선택해도 별 차이가 없었을 것이라 믿기 때문이다.

선택은 내 삶에서 나만의 길을 만든다. 틀린 길은 없다. 서로 다른 개성의 길이 있을 뿐이다. 결혼식을 할 때 돈을 많이 쓰는데 이때 하는 말이 '딱 한 번 하는 결혼인데', '처음 입는 예복인데'이다. 생각해 보면 결혼만 그런 게 아니다. 모든 일은 우리가 처음 하는 일이다. 그래서 선택이 항상 문제가 된다. 가볍게 선택하면 좋겠다. 별 차이가 없기 때문이다. 내가

좋은 마음으로 좋아하는 것을 선택하고 결과를 기꺼이 책임
지면 된다. 깃털처럼 가볍게 선택하며 살 것인가, 바위처럼 무
겁게 선택하며 살 것인가. 이 또한 내 선택에 달려 있다.

내 묘비명에 적고 싶은 한 문장
"이번 생은 요기까지!"

"이제부터 내가 사는 건 덤이라고 생각해."

"형, 나도 그렇게 생각해요."

"그럼 우리 둘 다 덤으로 사니까 뭘 하나 같이 해볼까?"

"좋지요."

예순을 갓 넘긴 대학 선배 형을 우연히 만났다. 교수가 되고 싶었던 형은 교수로 정년을 앞두고 있으니 꿈도 이루었고, 주위에 나쁜 일을 한 적도 없고, 열심히 신앙생활을 하고 있어서 이번 생에서 이루고 싶은 건 다 이뤄 미련이 없다고 했다. 나도 형과 같은 마음이라 함께 사회복지 현장에서 일하는 사회복지

사들을 위한 무료 교육을 하기로 했다. 형의 이름을 따고 사회복지를 출발시킨 영국 토인비의 이름을 붙여 '최선희의 토인비홀'이란 채널을 만들어 유튜브에 올리기 시작했다. 나는 30년간 상담을 해왔고 형은 사회복지 현장에 필요한 사례 관리와 지역사회 복지를 중점적으로 연구해 왔기 때문에 시너지 효과가 났다. 영상을 촬영하면서 가장 큰 도움을 받은 것은 형과 나였다.

형과 영상을 찍기 시작하면서 설레기 시작했다. 재미있는 일도 욕심이 들어가고 사심이 들어가면 재미없어진다. 욕심과 사심 없이 낄낄대며 촬영을 준비하고 찍으니 사는 맛이 이런 건가 마음속에서 환한 미소가 피어났다. 우리는 영상을 통해 무엇이 우리를 가장 즐겁게 하는지 알았다. 그것은 바로 누군가에게 선한 영향을 미치고 있다는 실감이었다. 누군가에게 무엇인가에 내가 도움이 되고 필요하다는 느낌은 그 일에 의미를 부여하고 그 일은 나를 자랑스럽게 만든다.

내가 30년 넘도록 형을 따르고 좋아하는 이유는 형이 치열하게 고민하며 살기 때문이다. 형은 나에게 '문제의식'을 강조했다. 불편함과 어려움이 생기는 순간 이것이 왜 문제가 되는가, 원인은 무엇인가에 대해 고민하고 마지막 뿌리를 뽑을 때까지 고심하여 알아내야 제대로 공부하는 사람이라고 했다. 형은 스스로 자신이 한 말을 지키려고 애쓰며 살았다. 대충 하는 게 없었다. 자신에게 철저했다. 연구실을 집처럼 알고 늦은 밤까지 문제의식을 가지고 연구하고 분석하고 결과를 아낌없이 제자들에게 전했다. 만약 형이 어설프게 자신과 타협하고 대충 연구하며 살았다면 남은 삶은 불만으로 가득하고, 아직 할 일이 너무 많다고 생각했을 것이다. 그러나 최선을 다해 좋아하고 사랑하는 공부를 했기에 남은 생은 덤이라 말할 수 있었다.

여든이 넘어 딱 한 권 『인과의 세계』를 쓰고 세상을 떠난 김중묵 님은 책의 머리말에 이렇게 썼다. '미흡하나마 이 정도로 이 생에서의 내 필생의 작업은 일단 마무리 짓고, 다음 생에 와서 더 보완하고 보충하고 더 쉽고 재미있는 책으로 만들 서원을 세운다.'

나는 많은 책의 머리말을 보았지만 이 짧은 문장만큼 마음에 울림을 주는 머리말을 본 적이 없다. 앞으로도 이 머리말을 능가하는 글을 볼 기회는 없을 것 같다. 이 책은 누구의 책과도 다르게 10대부터 80대까지 70년간 자신이 겪고 들은 예화와 깨달음 들로 가득 차 있어 보는 내내 옷깃을 여미게 했다. 나는 이 책을 보면서 고독하게 자신만의 길을 한 평생 걸어가는 장인의 아름다운 발자취를 느꼈다.

「생활의 달인」이라는 프로그램을 보면 이런 장인들의 아름다운 이야기가 화면을 가득 메운다. 달인이 된다는 것은 철저히 외롭다는 의미로 다가온다. 누가 시킨 적도 없고, 누가 가르쳐 준 적도 없는 길을 오로지 자신만을 의지하고 고독하면서도 철저히 걸어갈 때 그 분야의 달인이라는 자리가 나타난다.

나도 30년을 내 분야의 달인이 되기 위해 최선을 다해 살아 왔다. 교수라는 보장된 자리를 떠나면서 나는 점 하나를 빼고 고수가 되겠다고 스스로 다짐했다. 교수가 되기도 어렵지만 고수가 되는 건 훨씬 더 어렵다. 고수는 거기에 미쳐야 가능하기 때문이다. 인생의 진리를 알려고 인도에 간 류시화 시인은 버스에서 돈을 구걸하던 사람에게 들은 말을 소개한다. '자신과 적당히 타협하지 말라.' 나는 그 문장을 읽으며 감탄했다. 자신과 적당히 타협하는 순간 어정쩡해지며 희미해진다. 분명하고 또렷해져야 자기 분야의 고수가 될 수 있다. 자신과 적당히 타협하려는 자신에 대해 불만을 가지는 일은 그래서 고수가 되기 위한 필수 조건이다. 그것이 문제의식이기도 하다. 갈 때까지 가보는 정신이 자기 분야에 미치는 마음이다.

상담은 자격증에 있는 것이 아니라 내 안에 단단히 다져진 지혜의 강도와 밀도에 있다고 믿으며 살았다. 사람들의 어려움을 듣자마자 핵심이 이해되고 파악되는 내공은 상식을 뛰어넘어야만 생긴다. 내공을 쌓기 위해서는 나에게 일어나는 모든 일에 호기심과 문제의식을 가져야 하고, 지난 세월 현자들이 깨달은 이치들을 흡수해야 한다.

내공을 넘어서면 나에게 상담을 받는 사람이 쉽고 명쾌하게 알아들을 수 있도록 표현하는 외공의 세계가 기다리고 있다. 아무리 내공이 깊어도 입안에서 웅얼거린다면 상담은 시시해질 수밖에 없다. 내공과 외공을 가지려면 쉬지 않고 상담을 하면서 시행착오를 거쳐야 한다. 성공에서 배우고 실패에서도 배워야 한다. 이런 과정은 철저히 혼자의 몫이다. 그런 고독과 지루할 만큼 길고 긴 세월을 하루처럼 해나갈 때 다른 분야처럼 상담도 고수의 자리를 보여준다.

나는 오래도록 고독한 길을 누구와도 비교하지 않고 열심히 걸어왔다. 나도 세상을 떠나기 전 마지막 책 서문에는 '이번 생의 깨달은 것은 여기까지입니다. 나머지는 다음 생에 이어 가겠습니다.'라고 쓰고 싶다. 만약 내가 죽어 묘비명을 쓴다면 나는 기꺼이 '이번 생은 요기까지'라고 쓸 것이다. 덤으로 사는 인생이 앞으로도 내 묘비명에 부끄러워지지 않도록 예쁘게 살고 싶다.

결혼식장은 가지 못해도
장례식장은 꼭 가는 이유

"승준아, 세상에서 누가 제일 귀한 사람이야?"

"나!"

"그런 너를 누가 낳아주셨어?"

"엄마!"

"그런 엄마는 어떤 사람이야?"

"고마운 사람!"

아들 생일이면 이렇게 질문과 답을 한 후 엄마를 낳아주신 외할머니와 아빠를 낳아준 할머니께 감사 인사를 드리자고 했다. 먼저 외할머니가 사는 제주도를 향해 절을 공손하게 올리고 전화를 드린다.

"할머니, 엄마 낳아주셔서 고마뜸미다. 할머니 덕분에 오늘 제 생일이 됐어요."

아빠 엄마인 대구 할머니께도 절하고, 전화로 고맙다고 한 후에 아들은 자리에 앉은 엄마 아빠를 향해 뒤뚱거리며 절을 한다.

"엄마 아빠, 나 낳아줘서 고마뜸미다."

그러면 우리는 아들에게 말한다.

"그래. 승준아, 너도 세상에 온 거 축하해."

그 후 케이크를 불고, 생일 축하 노래를 부르고 아이를 꼭 안아준다.

서너 살에 시작해 지금까지 이어 가고 있는 아들 생일 풍경이다. 나는 우리가 살면서 거꾸로 알고 있는 것이 많다는 생각을 한다. 그 가운데 하나가 생일이다. 생일은 내가 세상에 온 것을 축하받는 날이 아니라 나를 세상에 태어나게 열 달 동안 추우나 더우나 무거운 몸으로 힘들어한 엄마에게 감사해야 하는 날이다.

또한 우리가 잘못 알고 있는 것 가운데 하나가 결혼식과 장례식이다. 나는 결혼식은 애도해야 하는 의식이고, 장례식은 축하해야 할 의식이라고 생각한다. 30년 동안 부부 상담을 해 보니 '결혼은 이혼하기 위한 첫 단추'라는 영국 속담이 슬프지만 정곡을 찌른 명언임을 실감하게 되었다. 이제 너희 둘 인생의 봄날은 끝났다. 수없이 많은 어려움이 좋아 어쩔 줄 모르는 너희 얼굴 사이로, 팔짱 낀 사이로 북풍한설처럼 밀려들 것이다. 나만은 다른 사람과 다르게 살 것이라고 자신만만하게 신부 입장, 신랑 입장을 하던 두 사람이 몇 년이 지나지 않아, 별수 없이 다른 사람처럼 지지고 볶으며 살 수밖에 없다는 실감을 하는 것이 결혼이다. '나만은'이란 교만이 벗겨지고, '나 역시'라는 겸손이 자리 잡는 첫 관문이 결혼이다. 그래서 나는 좀체 결혼식장에 가지 않는다. 마음속 깊이 축하하는 마음보다 슬픈 마음이 들기 때문이다.

반대로 인생의 모든 괴로움과 시름을 벗고 새로운 세상으로 떠나는 장례식장에는 빠짐없이 간다. 아무에게도 말하지 않지만 축하의 마음을 전하러 간다. '애도해야 하는 순간은 죽음의 순간이 아니라 탄생의 순간'이라는 서양 속담이 있다. 태어나 온갖 고생을 할 것이니 애도해야 하고, 고생을 마치고 피안의 세상으로 떠나니 축하해야 한다는 뜻이다. 천주교가 국교인 필리핀에서는 누가 죽으면 일주일간 마을에서 축하하는 잔치를 벌이고, 죽은 조상들이 땅으로 온다는 위령성월인 11월이면 나라 전체가 축제 마당이 된다고 한다. 이 역시 죽음을 슬픔으로 보는 것이 아니라 편안한 나라로 가는 축복이라 보는 시각이 현실에 반영된 것이다.

몇 달 전 동생의 장인어른이 돌아가셨다는 부고를 듣고 지방 장례식장으로 내려갔다. 고인에게 두 번 절을 드리다가 하마터면 큰 소리로 웃을 뻔했다. 영정 사진 옆에 작은 사진 10여 장이 액자에 들어 있었는데 손은 모두 '브이'자 표시를 하거나 활짝 웃는 장난스러운 모습이었기 때문이다. 많은 장례식장에 갔지만 이런 액자를 세워 둔 장례식장은 처음이었다. 상주들은 웃으며 나를 향해 웃으셔도 된다며 미소를 지었다.

절을 마치고 동생 내외가 액자를 담은 이유를 설명했다.

"아빠는 웃으며 세상을 떠나고 싶다고 하셨어요. 나 죽고 장례식장에 울고불고하지 마라. 나는 좋은 곳으로 가는 거니까. 지금까지 웃으면서 살았으니까 갈 때도 웃으면서 보내다오. 가서도 나는 웃을 거다."

평소 장난꾸러기처럼 즐겁게 살던 남편의 이야기를 농담으로 듣지 않았던 아내는 남편의 유언을 따라 돌아가셨을 때

생전에 찍었던 사진 가운데 가장 밝은 사진 10장을 고르고, 이를 남편 영정 사진 옆에 두었다. 영정 사진도 환히 웃는 모습이었다. 나는 동생 내외의 이야기를 들으며 그분이 존경스러워졌다.

나는 동생과 우리의 장례식장도 웃음이 묻어나는 장례식장이 되도록 미리 준비하자고 약속했다. 한 걸음 더 나아가 우리 장례식장에는 텔레비전 화면에 우리가 살아온 환한 모습을 5분에서 10분 분량의 동영상으로 만들어 조문객들이 웃으며 보도록 하자고 의견을 모았다. 내가 무엇을 소중하게 여기며 살아왔는지 한 생의 삶으로 남은 사람들에게 주고자 하는 메시지를 동영상에 담자고 했다. 추운 겨울날 따뜻한 나라로 떠난 동생 장인의 활짝 웃는 모습을 뒤로하고 서울로 돌아오는 길이 유난히 따스했다.

편안하고 재미있는
할아버지가 되기로 했다

"좋은 학교를 하나 만들려고 합니다."

"좋은 학교는 좋지 않다."

"왜요?"

"좋은 학교에는 좋은 학생이 다닐 거 아니냐. 그럼 좋은 학생과 나쁜 학생으로 나누어질 거고. 그래서 좋지 않다는 거다."

"그럼 무슨 학교가 좋습니까?"

"편한 학교가 좋지."

남은 생 동안 학교 하나를 만들고 싶어 며칠을 고민하다 '좋은 학교'란 근사한 이름을 떠올렸다. 스승께 자랑하고 싶어 말씀드렸더니 좋은 학교 말고 편한 학교를 권유했다. 좋고 나쁘고의 분별이 필요 없는 편한 학교라니 듣기만 해도 긴장이 풀리면서 편안해졌다.

편한 학교는 선생님과 몇 해 전 유튜브 채널을 만드는 것으로 첫 단추를 채웠다. 구독자도 '좋아요' 숫자도 신경 쓰지 않아도 되는 편한 학교를 유튜브로 만드니 시작부터 지금까지 편안하다. 들어오면 들어오는 대로, 나가면 나가는 대로 묵묵히 살면서 알아야 할 삶의 이치를 격주마다 대담으로 풀어낸다. 나도 선생님도 자연스럽게 떠오르는 생각을 묻고 대답한다. 집으로 돌아온 나는 자막도 넣지 않고, 특수 효과도 넣지 않고 날것으로 유튜브에 업로드한다. 구독자 수가 조금씩 늘더니 1000명에 다다른다. 10명이나 100명이나 선생님과 나에게는 차이가 없다. 필요한 사람이 편하게 보고 그에게 도움이 된다면 그만이다.

예순이 가까워지면서 지난날을 돌아보니 가장 후회되는 것은 훌륭하게 살기 위해 힘을 주며 꾸역꾸역 살아온 세월이다. 중국에서 아이를 국제학교에 보내고 있는 지인의 말에 따르면 외국인 교사들이 제일 난감해하는 대상이 한국 엄마들이라고 했다. 학교에 아이 성적과 관련해 면담을 할 때 한국 엄마들은 다른 나라 엄마들과 다른 점이 있다고 한다. 예를 들어 아이 수학 성적이 지난달에 70점이었는데 80점으로 올랐다며 칭찬을 해주라고 교사가 말하면, 다른 나라 엄마들은 기쁜 얼굴로 박수를 치며 좋아하는데, 한국 엄마들은 기뻐하지 않으며 꼭 이렇게 질문을 한다고 한다. "그럼 우리 아이가 반에서 몇 등인가요?" 교사들은 엄마의 이 질문이 몹시 낯설고 이상해서 "순위는 따로 매기지 않아요. 아이 수학 실력이 향상되었다니까요."라고 말한단다.

여기서 한국 엄마들은 물러서지 않고 다시 이렇게 질문한다. "등수를 알려주시기 어려우시다면 반 평균이 몇 점인가요?" 한국 엄마들이 궁금한 것은 아이의 실력이 향상된 것이 아니라 몇 등이냐는 거다. 늘 남과 비교하며 경쟁에서 이겨야 산다는 것이 몸에 밴 엄마들은 한국이든 외국이든 어디서든 자녀가 남보다 얼마나 뛰어난지가 궁금할 뿐이다.

나도 이런 사회에서 살다 보니 비교하는 습관이 뼛속까지 스며들어 있었다. 남부럽지 않게 살아야 한다는 말을 귀가 닳게 들었다. 내가 잘 사는가 못 사는가를 판단하는 기준은 남은 어떻게 사는가, 그리고 거기에 비해 나는 얼마나 더 나은가

였다. 그래서 나오는 말이 '나는 훌륭한 사람이 될 거야!'라는 다짐이다. 나는 어릴 때부터 훌륭한 사람이 되고 싶었다. 주위를 둘러보면 나만 그런 것이 아니라 옆집 철수노, 선넛마을 영희도 훌륭한 사람이 되려고 기를 쓰며 산다.

훌륭한 사람이 되기 위해서는 좋은 사람이 되어야 하고, 좋은 사람이 가는 학교가 좋은 학교다. 그러기에 나도 모르게 나만의 자유로운 학교를 만들고자 할 때조차 이름으로 좋은 학교를 떠올린 것이다.

몇 년 전 초등학교 부모와 자녀 들을 대상으로 예술 치료 프로그램을 하러 부천의 한 초등학교에 갔을 때 좋은 학교와 좋은 직장의 폐해를 눈으로 확인한 적이 있었다. 전교 회장을 하는 아이는 성적도 최상위권이었다. 앞으로 장래 희망을 그리는 시간에 아이는 서울대학교 로고와 삼성전자 로고를 그리고는 영정 사진을 그렸다. 엄마가 서울대학교와 삼성전자만 이야기를 해서 공부하는 게 너무 괴롭지만 억지로 참고 하고 있는 거라며 삼성전자에 들어가면 바로 자살을 하겠다고 했다. 엄마에게 복수하고 싶다는 아이의 섬뜩한 눈빛을 보며 가슴이 무너졌다. 아이의 소원이 남들 모두 부러워하는 훌륭한 사람이 되어 보란 듯이 죽어 버리는 것이란 말이 슬픈 우리의 자화상이라는 생각이 들었다.

그날 충격을 받은 나는 한동안 아이의 눈빛을 떠올렸다. 그리고 마침내 그 눈빛이 낯설지 않다는 것을 발견했다. 그건 내 눈빛이었다. 1등이 아니면 다 못났다고 생각하며 열등감에 괴로워했던 내 눈빛이 그 아이의 눈빛이었다. 어쨌든 내 분야의 1등이 되겠다며 잠을 줄이고, 좋아하는 일을 뒤로하고 아등바등하던 내 몸에서 뿜어져 나오던 기운이 그 아이의 기운이었다.

그 아이의 눈빛과 이근후 선생님의 이야기를 마지막으로 나는 훌륭한 사람이 되기를 포기하고 편한 사람이 되기로 마음먹었다. 인생은 묘하다. 편한 사람이 되기로 결심하니 재미가 찾아왔다. 재미는 긴장하는 동네에는 얼씬도 하지 않는 속성이 있다. 편안하고 여유 있는 동네를 기가 막히게 알고 찾아온다. 재미는 편한 마음의 자식이기 때문에 팽팽한 긴장감이 감도는 마음에는 가지 않는다.

남과 비교를 포기하고, 훌륭한 사람이 되기를 포기하자 나에게 충실한 삶이라는 새 동네의 입주민이 되었다. 새 동네로 이사하자 이미 이 동네에 살고 있는 다른 입주민들을 줄줄이

사탕처럼 만났다. 자기만의 색으로 그림을 그리는 화가, 자기만의 음으로 노래하는 음악가, 자기만의 끼로 공연하는 연극 배우를 만났다. 그들은 이미 오래진에 이 동네에 이사 와 편안하게 일상을 만끽하며 살고 있었다. 남에게 아무런 해를 끼치지 않으면서 나만의 색과 음과 끼로 살아가는 사람들을 만나려면 내가 먼저 나만의 색과 음과 끼로 살아야 한다는 걸 아는데 60년 가까운 세월이 걸렸다.

그렇다고 내가 애쓰며 산 지난 삶을 후회하지 않는다. 그 삶이 있었기에 새로운 이 삶이 재미있다. 이제는 훌륭한 어른을 벗어나 편안한 아이로 남은 삶을 살 수 있을 것 같다. 헤헤 웃으며 아이들과도 함께 뛰어놀 수 있는 어른 어린이. 그게 지금 남은 삶, 나의 희망 사항이다.

내가 꿈꾸는
이상적인 주변 사람들

"괴롭게 사는 사람은 어떻게 사는 사람일까?"

"일단 가족이 괴롭혀야 해."

괴롭게 사는 사람은 누구냐고 묻자 아내는 이렇게 말했다. 나는 아내 말에 고개를 끄덕였다. 살아오면서 또 상담하면서 가족 외에도 친구, 상사, 후배의 문제로 힘들었던 적이 많았고 그런 사례를 많이 접했다. 반대로 그들로 인해 행복하고 즐거운 순간도 수없이 많았다.

나를 즐겁게 혹은 괴롭게 하는 사람은 일단 가족이다. 가족이 나를 힘들게 하면 다른 사람이 아무리 즐겁게 해도 괴롭다. 가장 오래, 지속적으로 봐야 하는 사람이 가족이기 때문이다.

그래서 나는 막연히 가족들과 주변 사람들에게 내가 원하는 모습을 바라기보다 내가 꿈꾸고 바라는 이상적인 모습을 구체적으로 그려보았다. 그리고 이 모습을 나에게도 적용해 나도 이런 사람이 되어야겠다고 다짐한다.

첫째, 부모

이상적으로 꿈꾸는 부모는 자식이 신경 쓸 필요가 없는 부모다. 자식은 자기 앞가림하기도 바쁘고 신경 쓰고 스트레스 받을 일이 많다. 거기에 부모에 대한 걱정까지 짐으로 얹는다면 제대로 된 부모가 아니다. 아버지가 세상을 떠난 후 수십 년 동안 혼자 대구에 사셨던 어머니가 반복한 일은 새벽에 일어나 아파트 단지 앞에 있는 중학교 운동장을 두 시간 가까이 걸었던 것이었다. 왜 그렇게 걸으시냐고 여쭸더니 "서울 사는 너희들 불효자 안 만들려고 그런다."라고 대답하셨다.

말의 뜻은 이렇다. 어머니가 아프면 누군가는 돌봐야 하고 신경을 써야 하는데, 다들 먹고살기 바쁘니 그러기 어려울 것 아니냐. 그래서 부모를 돌보지 못하는 자기를 불효자라고 생각하고 살 건데, 나는 자식들이 그런 마음 가지는 게 싫다. 그래서 하루도 빠지지 않고 아프면 안 된다는 것이다.

아침 운동을 마치시면 노인대학이나 평생교육원을 네다섯 군데 등록해서 부지런히 다니시면서 스스로 외롭지 않고 재미있게 사신다. 게다가 아버지 연금과 노령연금을 받아 사니 특별히 돈을 보내지 않아도 된다고도 덧붙이셨다. 덕분에 우리 자식들의 마음은 편안했다.

상담을 하다 보면 어린 시절 불행을 호소하는 사람은 예외 없이 부모 일에 신경을 쓸 수밖에 없는 세월을 보낸 경험이 있다. 부모가 사흘이 멀다 하고 싸우고 실직하고 밖으로 도니, 자식이 부모 사이를 신경 쓰고 돈벌이를 신경 썼다고 하소연을 한다. 그런 이야기를 날마다 들으니 이상적인 부모란 다른 건 몰라도 적어도 자식이 신경 쓰게 할 필요가 없게 하는 부모라는 생각을 하게 됐다.

둘째, 배우자

이상적인 배우자는 떼를 쓰지 않는 사람이다. 떼쓰기는 아이가 어른에게 하는 행동이다. 그런데 어찌 된 일인지 배우자가 뜻대로 안 되고, 마음을 몰라주면 떼를 쓰는 경우가 많다. 잔소리로 떼를 쓰고 울며 떼를 쓴다. 큰 소리나 욕으로 떼를 쓰고 물건을 던지거나 위협하며 떼를 쓴다. 그리고 상대를 비난한다.

부부 상담은 간단하게 말하면, 떼를 쓰는 부부를 떼쓰지 않고 말로 차근차근 풀도록 변화시키는 일이다. 둘 다 어른이라면 어른다워야 한다. 부부라는 글자도 한자로는 다르게 쓰지만 한글로 발음하면 똑같은 두 글자 부와 부가 합쳐진 말이다. 어른과 어른이 만나 대화로 모든 것을 푸는 사이가 부부 사이다. 둘 중 한 사람이 떼를 쓰거나 두 사람이 모두 떼를 쓴다면 '정말 이 사람과는 살고 싶지 않다'는 마음이 들 수밖에 없다.

셋째, 자녀

이상적인 자녀는 부모 말을 잘 듣는 모범생이 아니라 부모에게 자기 생각을 솔직하게 말할 수 있고 자신의 인생을 독립적으로 사는 자녀이다. 부모의 돌봄과 보호가 필요한 시기에는 당연히 부모의 도움을 받아야겠지만 이 시기가 지나면 부모로부터 정서적으로 독립해야 한다.

처음 사회생활을 하는 신입 사원 중에 상사와 문제가 생기면 부모가 회사에 직접 전화할 정도로 부모에 대한 의존도가 큰 자녀들을 종종 본다. 어떤 옷을 입을지, 어떤 걸 먹을지부터 학업, 진로까지도 부모의 뜻대로 살아온 자녀는 성인이 되어도 본인이 무엇을 좋아하고 무엇을 하고 싶어 하는지 모른다. 주변 사람들의 기대에 맞춰 살기 급급하다. 무엇보다 스트레스 상황에 직면하면 쉽게 좌절하고 극복해 내지 못한다.

독립적인 자녀로 키우려면 부모는 아이의 보폭과 시각에 맞추되 적당한 거리에서 아이를 지켜봐야 한다. 아이가 본인의 인생을 직접 선택하고 책임질 수 있도록 존중해 줘야 한다. 그러다가 아이가 즐겁게 웃으면 같이 웃고 슬퍼하면 같이 보듬어 줄 수 있을 때 이상적인 부모 자녀 관계가 된다.

넷째, 형제

이상적인 형제는 의심하지 않는 사람이다. 대구에 살던 어머니가 몇 번 수술 끝에 결국 다시는 걸을 수 없는 몸이 되어 침대에 누워 있어야 하는 처지가 되셨다. 형제자매가 모두 모인 자리에서 내가 말했다.

"형제들이 서로 반목하고 싸우는 사례를 30년 가까이 상담하면서 발견한 한 가지 공통점이 있었어."

"그게 뭐야?"

"서로 의심하는 거야. 나는 이렇게까지 하는데 '쟤는 엄마한테 신경도 안 쓰는 거 아니야' 하면서 의심하기 시작할 때 갈등이 생기더라고."

잠시 침묵이 이어지다 형제들이 한참 말이 없더니 누나가 말했다.

"우린 서로 믿어주자."

우리는 그 후 돈이 더 있는 형제는 돈을 조금 더 냈고, 시간이 더 있는 형제는 더 자주 엄마를 찾았다.

엄마를 사랑하는 마음은 형제자매가 다를 게 하나 없다는 믿음, 각자 처지에 따라 자기 나름 최선을 다하고 있다는 믿음은 지금까지 우리 형제를 점점 더 좋아하게 만드는 원동력이 됐다.

다섯째, 친구

이상적인 친구란 충고하지 않는 사람이다. 내가 지금까지

소울메이트라고 생각하는 친구 진호는 나에게 세상에서 제일 잘해준다. 한 번도 이렇게 해라, 저렇게 해라 충고한 적이 없다. 충고는 친구 말고 해줄 사람이 너무 많다. 친구에게까지 굳이 어떻게 행동하라는 충고를 받고 싶지 않다. 내 마음이 어떤지 알기 때문에 그는 충고해도 소용없다는 걸 안다. 그리고 그냥 나의 모습을 송두리째 다 받아준다. 내가 새로 책을 낼 때마다 진호는 자기가 운영하는 병원 직원 수만큼 책을 사서 나눠 주고는 인증 샷을 찍어 보낸다. 내가 낸 책이라면 제목도 내용도 보지 않고 무조건 사서 나눠 준다. 내용 좀 보고 사지 그러냐고 하면, 이렇게 말한다. "네가 쓴 책이잖아." 황홀해지는 순간이다.

여섯째, 일하는 동료

일하는 동료는 크게 상사와 후임이 있다. 이상적인 상사는 후임에게 호기심을 가지는 사람이다. 사회생활을 하면서 윗사람이 가장 싫어질 때는 가르치려고 들 때다. 자기가 아는 전문 지식과 인생 경험을 후임이 모르면 큰일이 날 것처럼 자꾸 가르치려고 들수록 듣는 후임은 기분이 나빠진다. 먼저 후임이 무엇을 중요하게 여기고 어떤 것을 하고 싶어 하는지 궁금해하는 상사는 드물었다. 자기 말을 아끼고 후임의 생각을 궁금해하면 후임은 신이 나서 상사에게 마음을 열고 생각을 나누려고 한다.

다음으로 이상적인 후임은 배우려는 사람이다. 선생이란 말은 미리 생을 살았다는 뜻이다. 미리 경험한 사람은 뭐라도 배울 게 있다. 설령 배울 게 없다 해도 저렇게 하면 안 되겠구나 하고 반대의 면을 배울 게 있다. 그런 마음으로 상사를 바라보면 자연스럽게 이런 생각이 든다.

'이 사람에게서 나는 무엇을 배울 수 있을까?'

상사는 자신에게 배우려는 후임을 보면 무엇이라도 더 가르쳐 주고 싶다. 그리고 그런 후임을 좋아할 수밖에 없다. 후임의 생각에 호기심을 가진 상사와 상사의 경험에서 배우려고 하는 후임이 만날 때 직장은 살맛 나는 세상이 된다. 나는 그런 상사이자 후임으로 남은 생을 살고 싶다.

내가 꿈꾸는 이상적인
주변 사람들 그려보기

🧩 부모

🧩 배우자

🧩 자녀

🧩 형제

🧩 친구

🧩 일하는 동료

이젠 to do list가 아닌 My favorite list를 써야 할 때

어린 시절에는 좋아하는 장소, 좋아하는 색깔, 좋아하는 음식, 좋아하는 친구 등 내가 어떤 걸 좋아하고 싫어하는지 자신 있게 이야기할 수 있었다. 내일은 또 어떤 재미있는 놀이를 하며 하루를 보낼까 기대하던 아이는 이제는 내일에 대한 기대보다 오늘 하루를 어떻게 살아내야 할지 치열하게 고민하며 살아내고 있다. 이 책은 어쩌면 인생의 가장 재미없는 시절을 보내고 있는 나와 당신에게 인생의 재미를 찾게 해주는 숨은 그림찾기 같은 책이 되길 바라는 마음으로 썼다. "아무리 생각해도 내가 좋아하는 게 뭔지 모르겠어."라고 말하던 당신이 내가 좋아하는 것을 찾는 질문에 답을 해보며 "아, 맞다. 내가 이걸 좋아했지."를 찾아내길 바라며 웃을 거리가 하나도 없는 일상에서 "나 ○○○는 ○○○을 할 때 가장 즐겁고 재미있다." 라는 재미 목록을 만들 수 있기를 바란다.

비록 나는 육십이 다 되어서야 진짜 재미있게 사는 방법을 알게 되었지만, 돈으로도 살 수 없는 '인생의 비밀'과 '재미 목록'을 갖게 된 당신은 오늘보다 더 많이 웃는 내일을 살아갈 수 있을 것이다.

"당신이 세상을 보고 웃으면 세상도 당신을 보고 웃을 것이다."

∘ 부록 ∘

나만의 **재미 목록** 만들기

내가 좋아하는 것을 찾는 질문 10

1

Question

◆

하루 중 가장
좋아하고 기다리는 시간은?

2
Question

◆

그곳에 가기만 해도
편안해지는 나만의 장소는?

3
Question

◆

뭔가를 해냈다는
가장 뿌듯함을 느끼게 하는 일은?

4
Question

◆

인생에서 남은 시간이 5분이라면
누구와 통화해서 어떤 말을 하고 싶은가?

인생에서 남은 시간이 5분이라면 누구와 통화해서 어떤 말을 하고 싶은가?

5

Question

◆

최근에 자주 만나고
좋아하는 사람들의 공통점은?

6

Question

◆

떠올리는 것만으로 힘이 되는,
누군가의 잊지 못할 한마디는?

7
Question

◆

돈이 많이 들어도
아깝다고 생각되지 않은 것은?

8
Question

◆

기분 좋은 일이 있을 때
혹은 힘들 때 찾는 음식은?

9
Question

◆

타임머신을 타고 과거로 돌아간다면
언제로 돌아가고 싶은가?

10
Question

◆

내 묘비명에 적고 싶은
한 문장은?

오십, 나는 재미있게 살기로 했다

초판 1쇄 발행 2024년 5월 8일
초판 6쇄 발행 2024년 10월 28일

펴낸곳 나무사이
출판등록 제 2023-000192호 (2023년 9월 25일)
대표메일 namu42book@naver.com
대표전화 070-8028-3289

만든 사람들
지은이 이서원
기획 곽수진
편집 신나래
교정교열 조영신
디자인 이하나
일러스트 잔보
제작 357 제작소

ⓒ 이서원, 2024
ISBN 979-11-987218-1-5 (03180)

나무사이 │ 책과 사람 사이, 나무와 나무 사이처럼 서로의 성장을 도와주고
인생에 도움이 되는 책을 만들겠습니다.